W0337952

Dein buntes Wörterbuch Weihnachten

Text und Idee:
Émilie Beaumont

Illustrationen:
Colette David
Yvette Barbett

FLEURUS VERLAG

FLEURUS VERLAG, Mainzer Straße 116 - 66121 SAARBRÜCKEN

Aus dem Französischen:
Stefanie Gabriel - Susanne Kaufmann

BRÄUCHE UM DIE WEIHNACHTSZEIT

ALS ES WEIHNACHTEN NOCH NICHT GAB

Als es Weihnachten noch nicht gab, feierten die Menschen in Europa in dieser Zeit verschiedene andere Feste und Bräuche.

In Rom ließ man jedes Jahr zwischen dem 17. und 24. Dezember besondere Gesetze herrschen: Die Sklaven durften befehlen, ihre Herren mussten sie bedienen.

Die Häuser wurden geputzt und mit vielen Zweigen geschmückt.

Ein junger Soldat wurde zum König des Festes gewählt.

In manchen Ländern feierte man am 25. Dezember den Gott Mithras. Ihm zu Ehren wurde ein Stier geopfert. Das Blut des Tieres sollte die Erde fruchtbar und die Ernten reich machen.

Die Römer feierten an diesem Tag die längste Nacht des Jahres und damit die Rückkehr der Sonne. Sie wurde durch ein neugeborenes Kind verkörpert.

In Schweden, Norwegen und Dänemark wird noch heute an Weihnachten ein Bock aus Stroh vors Haus oder zum Tannenbaum gestellt. Dieser Brauch stammt aus einer Zeit, in der die Menschen dort den Gott des Donners verehrten. Sein Wagen soll von Böcken gezogen worden sein.

WEIHNACHTEN, DAS FEST DER GEBURT JESU

An Weihnachten feiert man die Geburt von Gottes Sohn. Da die Bibel selbst keinen genauen Tag nennt, haben die Christen für dieses Fest den 25. Dezember gewählt.

Maria lebt in der Stadt Nazareth in Israel. Sie wird bald heiraten.

Ihr zukünftiger Mann heißt Joseph. Er ist Zimmermann und Tischler.

Eines Tages erscheint Maria der Erzengel Gabriel.

Er sagt: „Gott hat dich erwählt. Du sollst Jesus, seinen Sohn, gebären."

MARIAS GEHEIMNIS

Maria ist sehr glücklich und möchte das Geheimnis und ihre Freude mit jemandem teilen. Sie begibt sich auf den Weg zu ihrer Kusine Elisabeth.

Elisabeth, die schon recht alt ist, erwartet ihr erstes Kind. Sie sagt zu Maria: „Der Erzengel Gabriel hat mir verkündet, dass ich einen Sohn bekommen werde. Er soll Johannes heißen und in den Herzen der Menschen die Ankunft Jesu vorbereiten."

Joseph liebt Maria. Als er jedoch erfährt, dass sie ein Kind erwartet, möchte er sie nicht mehr heiraten. Da erscheint ihm ein Engel und sagt: „Marias Kind hat keinen menschlichen Vater, es ist Gottes Sohn." Da ist Joseph beruhigt und heiratet Maria.

AUFBRUCH NACH BETHLEHEM

Die Geburt Jesu steht kurz bevor, als sich Maria und Joseph zu einer Volkszählung nach Bethlehem begeben müssen.

Für die Volkszählung muss sich jeder Bürger in der Stadt melden, aus der seine Familie stammt.

Maria packt Proviant und Kleider für ihr Baby zusammen.

Obwohl Maria auf einem Esel reitet, ist die Reise lang und beschwerlich. Voller Erleichterung erblicken Maria und Joseph schließlich die Stadt Bethlehem.

DIE GEBURT JESU

Erschöpft erreichen Maria und Joseph Bethlehem. Maria spürt, dass ihr Kind bald auf die Welt kommen wird. Werden sie noch rechtzeitig eine Unterkunft finden?

In der ganzen Stadt ist nirgendwo ein Zimmer für sie frei.

Glücklicherweise bietet ihnen ein hilfsbereiter Mensch seinen Stall an.

In diesem Stall wird Jesus geboren. Maria wickelt ihn in Windeln.

Sie bettet das Kind in eine mit Stroh gefüllte Futterkrippe.

EINE FROHE BOTSCHAFT

In der Nähe wachen Hirten auf einem Feld bei ihren Schafherden. Mitten in der Nacht erscheint plötzlich ein helles, klares Licht am Himmel, das die Männer blendet.

Die Hirten erschrecken sehr. Was geht hier vor? Da erscheinen Engel, die sagen: „Fürchtet Euch nicht! Wir bringen Euch eine frohe Botschaft."

Die Engel verkünden die Geburt Jesu, der von Gott als Retter zu den Menschen geschickt wurde. Sofort brechen die Hirten auf, um das lang erwartete Kind zu suchen.

DIE ANBETUNG DES JESUSKINDES DURCH DIE HIRTEN

Die Hirten finden Jesus im Stall in der Krippe liegend. Voller Freude knien sie vor dem Kind nieder und berichten Maria und Joseph, was die Engel ihnen verkündet haben.

DIE CHRISTMETTE

Die Christmette ist ein mitternächtlicher Gottesdienst, mit dem die Geburt Christi gefeiert wird. Sie findet in der Nacht von Heiligabend auf den 1. Weihnachtstag statt.

In kalten Ländern fährt man oft im Schlitten zur Kirche.

Früher gingen die Familien mit Laternen zur Mitternachtsmesse.

In der Kirche erzählt der Pfarrer die Weihnachtsgeschichte. Im Krippenspiel wird das Eintreffen der Hirten im Stall und die Anbetung des Jesuskindes dargestellt.

IHR KINDERLEIN KOMMET

Ihr Kinderlein kommet, o kommet doch all,
zur Krippe her kommet, in Bethlehems Stall,
und seht, was in dieser hochheiligen Nacht
der Vater im Himmel für Freude uns macht.

O seht in der Krippe im nächtlichen Stall,
seht hier bei des Lichtleins hellglänzendem Strahl
in reinlichen Windeln das himmlische Kind,
viel schöner und holder, als Engel es sind.

Da liegt es, das Kindlein, auf Heu und auf Stroh,
Maria und Joseph betrachten es froh;
die redlichen Hirten knien betend davor,
hoch oben schwebt jubelnd der Engelein Chor.

O TANNENBAUM

O Tannenbaum, o Tannenbaum,
wie treu sind deine Blätter.
Du grünst nicht nur zur Sommerszeit,
nein, auch im Winter, wenn es schneit!
O Tannenbaum, o Tannenbaum,
wie treu sind deine Blätter.

O Tannenbaum, o Tannenbaum,
du kannst mir sehr gefallen.
Wie oft hat nicht zur Weihnachtszeit
ein Baum von dir mich hoch erfreut!
O Tannenbaum, o Tannenbaum,
du kannst mir sehr gefallen!

O Tannenbaum, o Tannenbaum,
dein Kleid will mich was lehren:
Die Hoffnung und Beständigkeit
gibt Kraft und Trost zu jeder Zeit.
O Tannenbaum, o Tannenbaum,
dein Kleid will mich was lehren.

STILLE NACHT, HEILIGE NACHT

Stille Nacht, Heilige Nacht!
Alles schläft, einsam wacht
nur das traute hochheilige Paar.
Holder Knabe im lockigen Haar,
schlaf in himmlischer Ruh',
schlaf in himmlischer Ruh'!

Stille Nacht, Heilige Nacht!
Hirten erst kundgemacht;
durch der Engel Halleluja
tönt es laut von fern und nah:
Christ, der Retter ist da,
Christ, der Retter ist da!

Stille Nacht, Heilige Nacht!
Gottes Sohn, o wie lacht
Lieb' aus deinem göttlichen Mund,
da uns schlägt die rettende Stund',
Christ, in deiner Geburt,
Christ, in deiner Geburt!

ENGEL HABEN HIMMELSLIEDER

Engel haben Himmelslieder
auf den Feldern angestimmt.
Echo hallt vom Berge wider,
dass es jedes Ohr vernimmt.
Gloria in excelsis Deo!
Gloria in excelsis Deo!

Hirten, was ist euch begegnet,
dass ihr so voll Jubel seid?
Gott hat heut die Welt gesegnet,
Christ erschien der Erdenzeit.
Gloria in excelsis Deo!
Gloria in excelsis Deo!

HEILIGABEND

Früher versammelte sich am Heiligen Abend die ganze Familie vor dem Kamin. Dann gingen sie gemeinsam in die Mitternachtsmesse.

Die Kinder sangen Weihnachtslieder und lauschten den Geschichten, die ihnen die Großeltern vor dem knisternden Kaminfeuer erzählten.

EIN ALTER WEIHNACHTSBRAUCH

In manchen Ländern isst man an Weihnachten eine besondere Torte. Sie sieht wie ein Holzklotz aus und erinnert an folgenden alten Brauch:

Früher wählte man an Weihnachten einen besonders dicken Klotz für das Kaminfeuer aus.

Der Klotz wurde mit Blättern und bunten Bändern geschmückt.

Dann trug man den Holzklotz nach Hause. Das Familienoberhaupt segnete ihn mit Öl oder Schnaps. Der Jüngste und der Älteste durften ihn gemeinsam anzünden.

DIE KRIPPE DES HEILIGEN FRANZ VON ASSISI

In fast allen Kirchen und in vielen Familien, die die Geburt Jesu feiern, wird an Weihnachten eine Krippe aufgestellt.

Diese sehr alte Sitte geht auf den Heiligen Franz von Assisi zurück. Er ließ an einem Weihnachtsabend vor bald 800 Jahren in einem kleinen italienischen Dorf unweit von Assisi die Geburt Jesu mit Dorfbewohnern und lebenden Tieren nachspielen.
Das Krippenspiel fand so großen Anklang, dass man es bald auch in anderen Gemeinden aufführte. Mit der Zeit wurde es dann in fast allen Kirchen zu einem festen Brauch. Die Weihnachtskrippen mit ihren Figuren aus Holz, Wachs oder Ton, die heutzutage an Weihnachten aufgestellt werden, haben ihren Ursprung in diesem alten Brauch.

KRIPPENTRADITION

Mit den Weihnachtskrippen möchte man an die Geburt Jesu erinnern. Sie werden nicht nur in Kirchen oder zu Hause, sondern auch auf öffentlichen Plätzen aufgestellt.

Die bisher größte Krippe wurde in Frankreich aufgebaut. Sie umfasste einen Quadratkilometer (Lass dir von einem Erwachsenen erklären, wie groß das ist!).

In Paris wird in der Weihnachtszeit vor dem Rathaus ein riesiges Zelt aufgestellt, in dem jedes Jahr eine Krippe aus einem anderen Land zu besichtigen ist. Die Bilder links zeigen eine Krippe aus Sizilien, die vor einigen Jahren in Paris ausgestellt wurde.

KRIPPENFIGUREN

Krippenfiguren gibt es aus verschiedenen Materialien. Im Süden Frankreichs werden sie beispielsweise in Handarbeit aus Ton gefertigt.

Für jede Figur gibt es eine spezielle Form, in die der Ton kommt.

Beide Formhälften werden fest zusammengepresst. Dann nimmt man die Figur heraus, lässt sie einige Tage trocknen und brennt sie danach in einem Ofen.

Anschließend werden die Figuren mit Ölfarben bunt bemalt. Zur Heiligen Familie in der Krippe kommen oft zusätzliche Figuren wie ein Bäcker, ein Tischler, ein Maurer und andere Handwerker.

WEIHNACHTSSCHMUCK AUS BLÄTTERN

In manchen Ländern bastelt man zu Weihnachten Kränze und Girlanden aus den Blättern verschiedener Pflanzen. Das ganze Haus wird festlich damit geschmückt.

Stechpalme Mistel Efeu Rosmarin

Diesen sehr alten Brauch gibt es schon sehr lange. Früher sollte das grüne Laub das Ende der langen Winternächte ankündigen. Seitdem man Weihnachten feiert, möchte man mit den Blättern der Stechpalme an die Dornenkrone Jesu und mit ihren roten Beeren an sein Blut erinnern. Die Mistel soll Glück bringen. Der Rosmarin bedeutet Freundschaft und das Efeu Zuneigung.

BRÄUCHE RUND UMS STROH

Schon lange bevor man Weihnachten feierte, gab es in Schweden zahlreiche Bräuche, die man zu dieser Jahreszeit pflegte und in denen das Stroh eine wichtige Rolle spielte.

Man verteilte Stroh auf dem Boden, um böse Geister zu verjagen.

Für die Rückkehr der Verstorbenen auf die Erde wurden die Betten frisch gemacht.

Die Familie selbst schlief auf dem Boden. Dieser Brauch wurde in der Weihnachtstradition fortgesetzt, denn man wollte es nicht bequemer haben als Jesus.

DER URSPRUNG DES WEIHNACHTSBAUMES

Die ersten Weihnachtsbäume gab es im Elsass und im Schwarzwald. In alten Schriften ist zu lesen, dass dort am 24. Dezember Tannen aufgestellt wurden, die man mit Äpfeln und Hostien schmückte.

An Heiligabend versammelten sich die Menschen vor den Kirchen, um Heiligabend zu feiern. Die Menschen tanzten um einen mit Äpfeln geschmückten Baum, der den Baum der Erkenntnis darstellte.

DER WEIHNACHTSBAUM WIRD ZUM BRAUCH

Vom französischen Elsass aus verbreitete sich der Brauch des Weihnachtsbaumes durch Kaufleute, die von Stadt zu Stadt zogen, schnell auch in anderen Gegenden.

Unter der Aufsicht eines Försters fällte man im Wald die Tannen.

Man band einen Apfel an den Stamm und hängte den Baum an die Decke.

Später ging man dazu über ihn in ein mit Sand gefülltes Gefäß zu stellen.

An Heiligabend durfte der Baumschmuck, Süßigkeiten und Spielzeug, heruntergeschüttelt werden.

DER KAUF DES WEIHNACHTSBAUMES

In einigen Ländern kauft man den Baum vor Weihnachten, in anderen erst an Heiligabend. Meistens lässt man ihn bis zum 6. Januar, dem Dreikönigsfest, stehen.

In vielen Familien wird der Christbaum gemeinsam ausgesucht.

Es gibt Weihnachtsbäume mit und ohne Wurzeln zu kaufen.

Manche Tannenarten verlieren ihre Nadeln sehr leicht, andere nicht.

Ein Baum mit Wurzeln kann später im Garten eingepflanzt werden.

DAS SCHMÜCKEN DES WEIHNACHTSBAUMES

Ursprünglich schmückte man den Baum mit Obst, vor allem mit Äpfeln. Später kamen Süßigkeiten, Plätzchen, Kugeln, Sterne und Lametta hinzu.

Früher brachte man 12 Kerzen am Weihnachtsbaum an. Sie stellten die 12 Monate des Jahres dar. Außerdem bestäubte man den Baum mit Mehl, damit er wie verschneit aussah.

In manchen Ländern wird der Baum mit Fähnchen geschmückt. In anderen Ländern besteht der Baumschmuck aus farbigen Schleifen.

DER WEIHNACHTLICHE TISCH

Alle helfen mit, damit die Festtafel schön gedeckt ist und feierlich aussieht. Bunte Deckchen und Bänder, Gestecke, Kerzen und hübsches Geschirr lassen den Tisch in festlichem Glanz erstrahlen.

DAS WEIHNACHTSESSEN

Jedes Land hat seine eigenen Festmahlsbräuche. Bereits am Heiligen Abend oder erst an den Weihnachtsfeiertagen lässt man sich verschiedene Festessen schmecken.

Frankreich:
Hier besteht das traditionelle Menü aus Austern, Gänseleberpastete, Lachs, Weißwurst, gefüllter Pute und einer besonderen Torte (siehe Seite 22).

Polen:
In Polen serviert man 12 Gänge als Festschmaus. Was gegessen wird, ist von Familie zu Familie verschieden. Einige typische Gerichte sind Suppe mit Steinpilzen oder roter Bete, Ravioli mit Kohl oder Pilzen und Nudeln mit Mohn.

Amerika: Mais, gefüllte Pute, Kürbiskuchen und manchmal als Nachtisch Vanilleeis.

Spanien: Suppe mit Mandeln, gebratene Makrele, Gans (in manchen Familien) und Turron, eine Art Nougat.

Ungarn: Fischsuppe, panierter Fisch mit Pommes Frites und „Beigli“, eine Biskuitrolle.

Italien (hier gibt es je nach Region große Unterschiede): Aal, Pute mit Esskastanien, dann Früchtebrot oder Panettone (eine Art Kuchen).

Schweden: eingelegter Hering, Fleischklößchen, gegrillter Schinken mit Kohl, Reisbrei und kleine Gewürzkuchen.

England: gegrillter Schinken, mit Rosenkohl oder Erbsen gefüllte Pute, geröstete Kartoffeln, „Christmas Pudding“, gefüllter Kuchen und Trockenfrüchte.

Portugal: Dorsch, auf verschiedene Arten zubereitet, dazu Kohl und Kartoffeln, Pute mit Kastanien und als Nachtisch „Arme Ritter“.

Deutschland: Heringssalat, mit Äpfeln und Backpflaumen gefüllte Gans, Rot- oder Grünkohl und Klöße; als Nachtisch Honigkuchen, Lebkuchen, Plätzchen.

DER WEIHNACHTSMARKT

Weihnachtsmärkte gibt es in fast allen deutschen Städten. Die ältesten und bekanntesten sind die Märkte in Dresden, Berlin, Frankfurt und Nürnberg.

An zahlreichen Ständen finden sich Leckereien, Geschenke und alles, was man braucht, um Haus und Baum festlich zu schmücken.

Der Weihnachtsmarkt wird von Posaunenbläsern feierlich eröffnet.

Auch der Weihnachtsmann mit seinem Schlitten voller Geschenke kommt.

Der Besuch auf dem Weihnachtsmarkt macht hungrig! Die Eltern stärken sich mit Glühwein und Bratwurst, die Kinder genießen die süßen Lebkuchen.

WEIHNACHTSKARTEN

Die ersten gedruckten Weihnachtskarten wurden vor 150 Jahren in England verschickt. Darauf abgebildet war eine Familie mit ihren Kindern, die „Fröhliche Weihnachten“ wünschte.

In den USA gibt es eine riesige Auswahl an Grußkarten. Die Amerikaner schreiben gerne und häufig Karten. Hast du schon einmal Weihnachtsgrüße an deine Freunde geschickt?

In den USA und in England schmücken die Karten, die man im Laufe der Weihnachtszeit bekommt, bis kurz nach Weihnachten die Wände des Wohnzimmers.

DER HEILIGE NIKOLAUS

Am 6. Dezember ist in Belgien, Deutschland, der Schweiz, Österreich, Frankreich und in den Niederlanden Nikolaustag.

Sankt Nikolaus war ein Bischof, der vor etwa 1600 Jahren in Italien lebte. Er wird verehrt für seine Güte und Hilfe, die er vor allem Kindern und Schwachen entgegenbrachte. Die verschiedenen Geschichten und Legenden, die von Generation zu Generation weitererzählt werden, halten die Erinnerung an ihn lebendig.

Sankt Nikolaus ein Bischof war,
er liebt' der Kinder frohe Schar;
beschenkte gern die kleinen Leut'
und hatte immer für sie Zeit.

Sankt Nikolaus, Sankt Nikolaus,
ging heimlich einst in manches Haus,
und half in Not ganz still und schlicht,
und wollte Dank und Ehre nicht.

Sankt Nikolo, Sankt Nikolo,
wohin er kam, dort war man froh.
Er hat es wie sein Herr gemacht,
der einst die Lieb' zur Welt gebracht.

Nach seinem Tod wohl kam er gleich
zu Christus in das Himmelreich,
und dort empfängt er lange schon
des treuen Knechtes ew'gen Lohn.

Wir wollten gern, er wär' noch da,
drum zieht der Vater jedes Jahr
sich wie der heil'ge Bischof an,
schenkt Äpfel, Nüsse, Marzipan.

Sankt Nikolaus, Sankt Nikolaus,
schick deinen Segen unsrem Haus,
und hilf, dass nach dem Beispiel dein
auch wir stets mild und gütig sein.

LEGENDEN VOM HEILIGEN NIKOLAUS

Es gibt verschiedene Legenden vom Heiligen Nikolaus. Eine der Legenden erzählt, wie er den armen, hungrigen Kindern einer großen Stadt aus ihrer Not half.

Der Bischof sammelte Gemüse, Obst und Getreide und ließ alles auf ein großes Schiff verladen. Schwer beladen brach das Schiff in Richtung der großen Stadt auf.

Dort angekommen, klopfte Sankt Nikolaus an die Türen der Häuser und stellte die Säcke und Körbe mit Getreide und Obst ab. Voller Freude stürzten sich die Kinder auf das Essen.

NIKOLAUSBRÄUCHE IN VERSCHIEDENEN LÄNDERN

Die niederländischen Kinder glauben, dass der Nikolaus und sein treuer Diener, der Schwarze Piet, in Spanien leben.

Das Jahr über schreibt Nikolaus alle guten und schlechten Taten der Kinder auf. Der Schwarze Piet in seinen Pluderhosen bereitet die Geschenke vor.

Am 6. Dezember kommen die beiden mit einem großen Schiff in Amsterdam, der Hauptstadt der Niederlande, an. Sie werden von der Königin und dem Bürgermeister empfangen.

Die Ankunft des Nikolaus ist ein Festtag für alle Kinder, denn sie freuen sich auf ihre Geschenke. Sankt Nikolaus reitet auf seinem weißen Pferd durch die Stadt. Die Kinder haben sich versammelt und jubeln ihm zu.

Zu den kranken Kindern kommt der Nikolaus persönlich. Sein Gehilfe, der Schwarze Piet, steigt durch die rußigen Kamine, um die Geschenke zu verstecken.

Die holländischen Kinder machen sich auf die Suche nach ihren Geschenken, die im ganzen Haus versteckt sind. Zu jedem Geschenk gehört ein kleines Gedicht.

NIKOLAUSTAG IN ÖSTERREICH UND IN DER SLOWAKEI

In Österreich ziehen am Nikolaustag auch Krampusse durch die Straßen. Mit ihren Ruten drohen diese finsteren Wesen bösen Erwachsenen und unartigen Kindern.

In der Slowakei begleiten maskierte Gestalten den Nikolaus, der den Tod aus den Häusern vertreiben soll. Der Tod wird durch eine gespenstische Gestalt dargestellt, die eine Sense trägt.

NIKOLAUSFEIER IN KÜSSNACHT AM RIGI

Am Abend des 5. Dezember ziehen Hunderte von verkleideten Menschen durch die Straßen dieses Schweizer Ortes. Hinter dem Nikolaus gehen Männer mit Peitschen. Sie lassen ihre Peitschen laut knallen, um böse Geister zu vertreiben.

Der Umzug endet mit einem ohrenbetäubenden Lärm. Weiß gekleidete Männer läuten riesige Glocken. Die ganze Nacht hindurch wird gefeiert.

DAS CHRISTKIND

In manchen Gegenden Deutschlands, Frankreichs, der Schweiz und Österreichs bringt nicht der Weihnachtsmann, sondern das Christkind die Geschenke.

Das Christkind kommt an Heiligabend meist ungesehen in die Häuser, um den artigen Kindern ihre Geschenke zu bringen. Man sagt, das Christkind sei weiß gekleidet und trage einen Schleier und eine Krone. Oft wird das Christkind von Knecht Ruprecht, seinem Helfer, begleitet. Er trägt auf seinem Rücken einen Sack voller Geschenke und in seiner Hand eine Rute.
Die ungehorsamen Kinder bestraft er, die artigen Kinder bekommen schöne Geschenke.

JUL TOMTE

In Schweden heißt der Weihnachtsmann Jul Tomte. Er sieht wie ein Zwerg mit weißem Bart aus.

Ursprünglich stammt diese Figur aus den Sagen der Bauern und hatte eigentlich nicht viel mit Weihnachten und den Geschenken zu tun. Die Bauern glaubten, dieses Wesen würde ihren Hof schützen, wenn sie ihm in der Weihnachtsnacht etwas Essen vor die Tür stellten. Erst als eine Zeichnerin den Zwerg so darstellte, wie du ihn hier abgebildet siehst, wurde aus ihm Jul Tomte, das Sinnbild der schwedischen Weihnacht.

Weihnachtskarte der Zeichnerin Jenny Nyström
(Hier ist ein Ausschnitt des Bildes zu sehen.)
Rolf Lind/Museum von Kalmar

DER WEIHNACHTSMANN

Der Weihnachtsmann hat viele Namen. In England nennt man ihn Father Christmas, in den USA Santa Claus, in Italien heißt er Babbo Natale und in Frankreich Père Noël.

Den Weihnachtsmann gibt es noch nicht so lange wie den Nikolaus. Als Holländer sich in den USA niederließen, wurde aus dem holländischen Namen Sinterklass, der Nikolaus bedeutet, Santa Claus. Unter dem Einfluss der Amerikaner entwickelte sich aus dem Nikolaus die Gestalt des dicken, rot gekleideten Weihnachtsmannes mit weißem, langem Bart. Mit seinem von Rentieren gezogenen Schlitten bringt er den Kindern ihre Geschenke.

SANKT MARTIN

Sankt Martin war ein sehr guter Mann, der ein Herz für die Unglücklichen und die Armen hatte.

In bestimmten Regionen Deutschlands, Nordfrankreichs, Belgiens und der Niederlande gedenkt man seiner am 11. November, dem Martinstag. Die Legende erzählt, dass Sankt Martin in einer kalten Nacht mit seinem Pferd unterwegs war. Als er im Schnee einen frierenden Bettler fand, teilte er seinen Mantel mit dem Schwert in zwei Teile und reichte eine Hälfte dem armen Mann. Dann ritt er davon, noch bevor der Bettler ihm danken konnte.

Jedes Jahr feiern die Kinder das Martinsfest. Sie basteln bunte Laternen und ziehen am Abend durch die Straßen. Dabei singen sie Martins-lieder. Manchmal wird in einem Martinsspiel die Legende nachgespielt.

HALLOWEEN

In den USA feiert man am Abend des 31. Oktober Halloween. Mit diesem Fest werden der Winteranfang und die bevorstehende Weihnachtszeit angekündigt.

Verkleidete Kinder laufen durch die Straßen, klopfen an die Türen und bitten um Geschenke oder Süßigkeiten. Überall stehen Kürbislaternen mit wilden Gesichtern.

DIE KÜRBISLATERNE

Warum bastelt man an Halloween Kürbislaternen? Eine Legende aus Irland erzählt, wie es dazu kam:

Jack war ein großer Trinker. Eines Abends traf er in der Kneipe den Teufel, der ihn in die Hölle bringen wollte. Jack überredete ihn mit ihm zu trinken. Um sein Getränk zahlen zu können, verwandelte sich der Teufel in ein Geldstück, das Jack sofort aufhob und in seine Geldbörse steckte.

Jack befreite den Teufel unter der Bedingung ihn in Zukunft in Ruhe zu lassen. Als Jack starb, konnte er wegen seiner Sünden nicht in den Himmel, aufgrund seiner Abmachung mit dem Teufel aber auch nicht in die Hölle.

In seiner Verzweiflung verlangte Jack vom Teufel etwas Glut, um sich in der Dunkelheit zurechtzufinden. Er legte die Glut in eine ausgehöhlte Rübe. Seitdem irrt er mit seiner Laterne ruhelos in der Nacht umher.

DIE HEILIGE LUZIA

Am 13. Dezember feiert man in Schweden das Luziafest. In den Schulen, in den Familien und in den Büros wird eine „Heilige-Luzia-Königin" gewählt. Alle heiligen Luzias ziehen am Abend singend durch die Straßen.

Der Legende nach verliebte sich vor langer Zeit ein junger Mann in Luzia, die wunderschöne Augen hatte. Er wurde rasend vor Zorn, als sie ihn zurückwies. Er ließ sie einsperren und ihr die Augen ausstechen. Seither glaubt man, dass die Heilige Luzia Augenkrankheiten heilen kann.

Der Tag der Heiligen Luzia ist in ganz Schweden ein großes Fest, denn man feiert gleichzeitig den kürzesten und dunkelsten Tag des Jahres.

DAS FEST DER HEILIGEN LUZIA IM KREIS DER FAMILIE

An diesem Tag hat jedes Familienmitglied eine bestimmte Rolle: Der Vater bleibt im Bett, die Mutter zieht den Kindern lange, weiße Gewänder an und bereitet die Krone für die Tochter vor.

Ein Tablett mit Kaffee, Brötchen und Plätzchen wird angerichtet.

Vorsichtig setzt die Mutter ihrer Tochter die Krone auf.

Alle singen das Lied der Heiligen Luzia und wecken den Vater auf.

Die ganze Familie setzt sich aufs Bett und frühstückt gemeinsam.

GUY FAWKES DAY

Dieses Fest am 5. November wird nur in England gefeiert. Viele Kinder sind auf den Straßen und freuen sich an den Feuerwerken, die überall zu sehen sind.

Guy Fawkes lebte vor etwa 300 Jahren. Er und seine Freunde waren gegen den König. Sie beschlossen, im Parlament, wo sich der König aufhalten sollte, Feuer zu legen. Der König wurde aber gewarnt und ließ Guy Fawkes verhaften. Um die Rettung des Königs zu feiern, laufen die Kinder jedes Jahr mit einer Strohpuppe, die Guy Fawkes darstellt, durch die Straßen. Sie ziehen von Tür zu Tür und bitten um Geld. In der Nacht wird die Puppe in einem Freudenfeuer verbrannt und Feuerwerke werden veranstaltet.

DIE HEILIGEN DREI KÖNIGE

Die Heiligen Drei Könige waren sehr weise und reiche Männer. Sie wussten, dass eines Tages der Erlöser kommen würde, um die Welt zu retten, und dass ein Stern seine Geburt ankündigen sollte.

Die Heiligen Drei Könige folgten dem Stern und kamen nach Bethlehem. Sie knieten vor Jesus nieder und breiteten ihre Geschenke aus: Gold, das wertvollste Metall, Weihrauch, und Myrrhe, eine wohl duftende Mischung, mit der man die Toten einbalsamierte.

EPIPHANIAS

Epiphanias bedeutet, dass sich Gott in der Person Jesu den Menschen gezeigt hat. Die Christen feiern die „Erscheinung des Herrn" am 6. Januar, dem Dreikönigstag.

In manchen Ländern, vor allem in Frankreich, isst man zum Dreikönigsfest einen Kuchen, in dem eine kleine Figur versteckt ist. Derjenige, der sie in seinem Stück findet, ist König des Festes und wählt eine Königin.

In Ungarn verkleiden sich die Kinder und tragen eine Krippe von Haus zu Haus. Dabei bitten sie um Geld. In Spanien wird dieser Tag besonders gefeiert (siehe Seite 103).

SPIELSACHEN MIT LANGER TRADITION

Als die Menschen noch mit Fellen bekleidet waren, gab es nur ein einziges Spielzeug: eine aus einem Tierknochen oder aus Holz geschnitzte Klapper.

Später spielten die Kinder mit Holzreifen und Puppen aus Ton.

Auch Steckenpferde waren lange Zeit bei Kindern sehr beliebt.

Zinnsoldaten gibt es ebenfalls schon sehr lange. Junge Prinzen besaßen ganze Armeen solcher Soldaten.

Den Plüschteddy gibt es seit rund 100 Jahren. Er entstand zur gleichen Zeit in Amerika und in Deutschland.

WEIHNACHTEN, ZEIT DER FREUDE UND DES FRIEDENS

Überlege mit Hilfe dieser Abbildungen, was die Weihnachtszeit alles bedeutet. Weihnachten bedeutet ...

... an andere Menschen zu denken.

... sich bis zum großen Fest in Geduld zu üben.

... sich an den Sinn des Festes zu erinnern.

... Geschenke zu bekommen.

... andere zu beschenken.

... Plätzchen zu backen.

Weihnachten bedeutet ...

... Streit zu
vergessen und sich zu versöhnen.

... das Haus und die
Straßen zu schmücken.

... zu feiern, zu lachen
und zu singen.

... Familie und Freunde
zu empfangen.

... das Haus mit Kerzen
zu schmücken.

... sich an Jesus, Maria und
Joseph zu erinnern.

DAS MÄDCHEN MIT DEN SCHWEFELHÖLZERN

Dieses Märchen schrieb Hans Christian Andersen. Er ist ein sehr berühmter dänischer Schriftsteller, der vor etwa 150 Jahren lebte.

Es war einmal ein bitterkalter Winter. Das Jahr ging zu Ende. Da lief ein kleines, armes Mädchen ohne Schuhe durch die Stadt. Die Mutter hatte dem Kind Pantoffeln mitgegeben. Weil sie ihm jedoch viel zu groß waren, hatte das Mädchen sie beim Überqueren der Straße verloren.

Ein Lausbub stürzte sich auf den Pantoffel, der auf dem Gehweg lag, und nahm ihn mit. Aus dem Schuh wollte er für seine Schwester ein Puppenbett basteln.

Das kleine Mädchen hatte in seiner alten Schürze viele Schwefelhölzer, die es verkaufen sollte. Doch an diesem Tag waren alle Leute nach Hause gegangen, um das Weihnachtsessen zu kochen. Das Mädchen verkaufte nicht ein einziges Streichholz. Vor Kälte zitternd und ganz erschöpft setzte es sich in den Schnee. Es wagte nicht nach Hause zu gehen, denn es wusste, dass der Vater es schlagen würde, wenn es ohne ein Geldstück zurückkehrte.

Die Hände des
Mädchens waren
bald blau gefroren.
Wie gut täte jetzt ein
wenig Wärme! Da
nahm das Kind ein
Schwefelholz und
entzündete es an
einer Hauswand.

Die Flamme des Streichholzes tauchte alles in ein warmes Licht. Dem Mädchen war, als ob es vor einem großen, bullernden Ofen säße. Endlich würde es sich seine Hände und Füße aufwärmen können. Zschsch ... da erlosch das Streichholz wieder und der schöne Ofen verschwand.

Das Mädchen nahm ein zweites Holz und zündete es an. Im Licht des Feuers sah es durch die Hauswand einen reich gedeckten Tisch. Auf einem Teller lag eine gebratene Gans, die herrlich duftete. Die Gans schwebte ihr plötzlich entgegen. Schon wollte das Kind nach dem leckeren Mahl greifen, als das Schwefelholz wieder erlosch. Was blieb, war die kalte, leere Hauswand.

Die Kleine konnte nicht widerstehen und entzündete ein drittes Streichholz. Diesmal sah sie einen wunderschönen Weihnachtsbaum mit vielen, leuchtenden Kerzen. Bilder in allen Farben tanzten um den Baum. Als das Mädchen seine Hände ausstreckte, erlosch das Streichholz.

Die leuchtenden Kerzen jedoch schienen zum Himmel aufzusteigen. Da erkannte das Mädchen, dass es nur Sterne waren. Ein Stern malte einen langen Lichtschweif an den Himmel. Es war eine Sternschnuppe. Das Mädchen dachte an seine verstorbene Großmutter, die ihm viel von den Sternen erzählt hatte und immer so gut zu ihm gewesen war!

Als das Kind ein weiteres Streichholz ansteckte, entstand eine riesige Flamme. Das Mädchen sah seine Großmutter, die ihm sanft und freundlich zulächelte. „Großmutter“, rief das Mädchen, „nimm mich mit zu dir! Ich weiß, wenn das Zündholz erlischt, wirst du wie der Ofen, die Gans und der Weihnachtsbaum wieder verschwinden.“ Und um die Großmutter länger sehen zu können, entzündete das Mädchen ein Schwefelholz nach dem anderen.

Nie war die Großmutter so schön gewesen. Sie drückte das Mädchen an ihr Herz und gemeinsam schwebten sie glücklich in die Höhe, immer höher und höher. Ein strahlendes Licht trug sie dorthin, wo es keine Kälte, keinen Hunger und keine Angst gibt. Sie waren bei Gott im Himmel.

WEIHNACHTSRÄTSEL

In diesem Wörterbuch erfährst du viel über die verschiedenen Weihnachtsbräuche. Kannst du schon die folgenden Fragen beantworten?

Welcher Heilige kommt am 6. Dezember und beschenkt die braven Kinder?

Welche Heilige wird am 13. Dezember in Schweden gefeiert?

Wie heißt die liebe Hexe, die in Italien den kleinen Kindern Geschenke bringt?

Wie nennt man den rotgekleideten Mann mit weißem Bart, der an Weihnachten die Geschenke unter den Baum legt?

BASTELIDEEN FÜR WEIHNACHTEN

STROHSTERNE

Mit ungefärbten oder bunten Strohhalmen lassen sich ganz einfach Weihnachtssterne basteln. Mit Perlen beklebt oder mit schräg zugeschnittenen Spitzen werden sie noch schöner!

Strohhalme

Schere

Nähgarn

Weiche die Strohhalme etwa 15 Minuten in warmem Wasser ein.

Lasse sie gut abtropfen.

Schneide die Halme in gleicher Länge zu.

Lege aus vier Halmen ...

... zwei Kreuze.

Lege die beiden Kreuze versetzt aufeinander und binde sie zusammen.

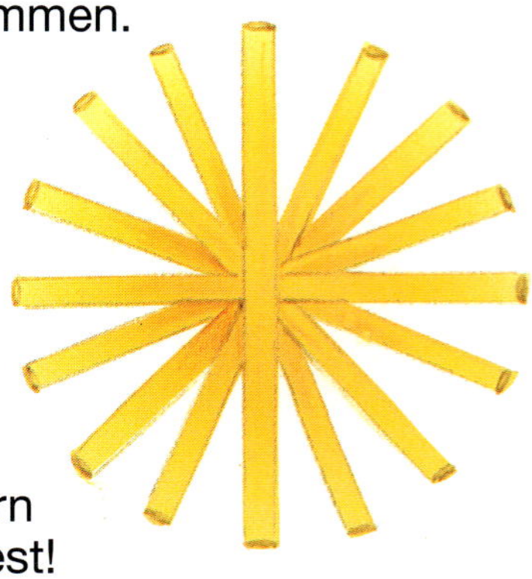

Einen Doppelstern erhältst du, indem du den gleichen Stern noch einmal bastelst und ihn versetzt auf den ersten bindest!

BUTTERGEBÄCK

Butterplätzchen lassen sich schnell backen und gelingen sicher. Lecker und in vielerlei Formen werden sie allen Freude machen. Guten Appetit!

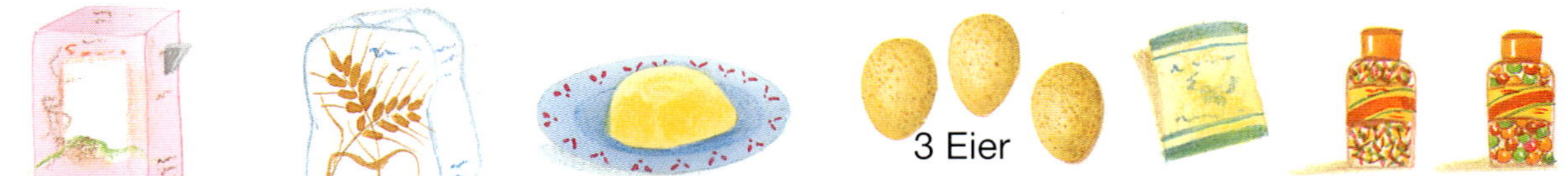

125 g Zucker, 250 g Mehl, 125 g Butter, 3 Eier, Vanillezucker, Schokostreusel, Zuckerperlen

Butter und Zucker schaumig rühren.

Eigelb dazugeben, das Mehl daruntermengen.

Teig dünn auf etwas Mehl auswellen.

Plätzchen ausstechen und mit einem Messer abheben.

Auf Backpapier legen und mit Eigelb bestreichen, dann nach Lust und Laune verzieren!

Bei 200 °C etwa 10 Minuten goldgelb backen.

WEIHNACHTSENGEL

Für diesen Engel, der ein wunderschöner Baumschmuck ist, brauchst du weißes dickes Papier in der Größe DIN A4, ein Lineal, einen Zirkel, einen Bleistift, Filzstifte, eine Schere, ein spitzes Messer und Klebeband.

1. Zeichne zwei Quadrate und einen Kreis auf das Papier.

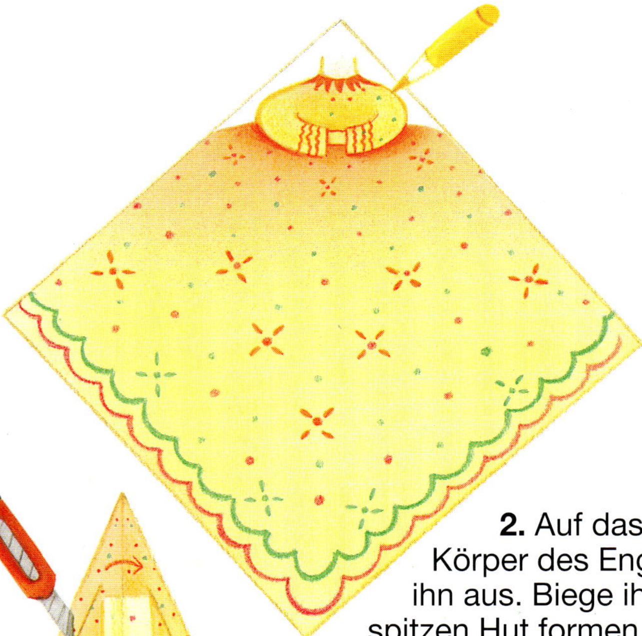

2. Auf das eine Quadrat malst du den Körper des Engels und schneidest ihn aus. Biege ihn so, als ob du einen spitzen Hut formen wolltest.

3. Schließe den Körper mit Klebeband. Schneide mit dem Messer zwei Schlitze wie in der Abbildung. Auf den Kreis malst du das Gesicht mit dem Heiligenschein.

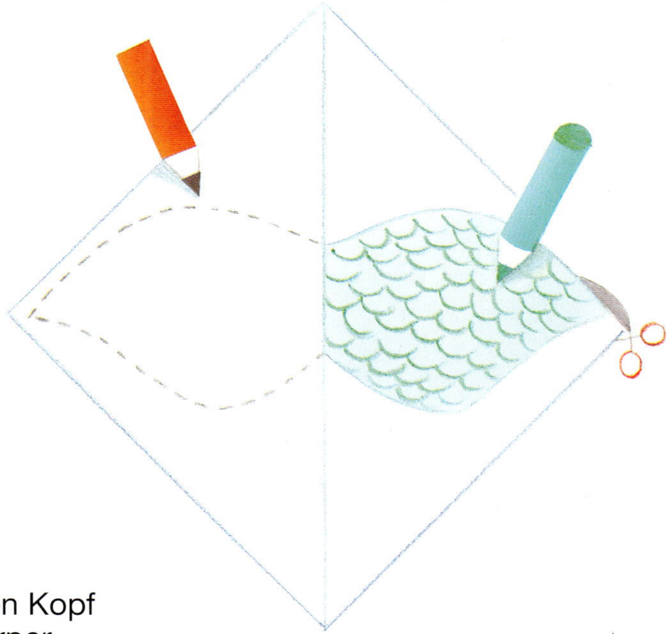

4. Klebe den Kopf
auf den Körper.

5. Male auf
das zweite
Quadrat die
Flügel
und schneide
sie aus.

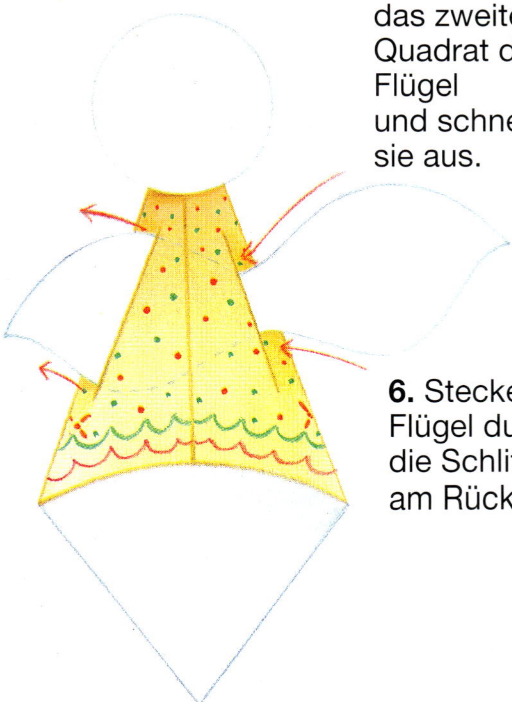

6. Stecke die
Flügel durch
die Schlitze
am Rücken.

WEIHNACHTSLATERNEN

Du brauchst weiße Blätter in der Größe DIN A4, eine Schere, Filzstifte, Klebeband und einen Bleistift.

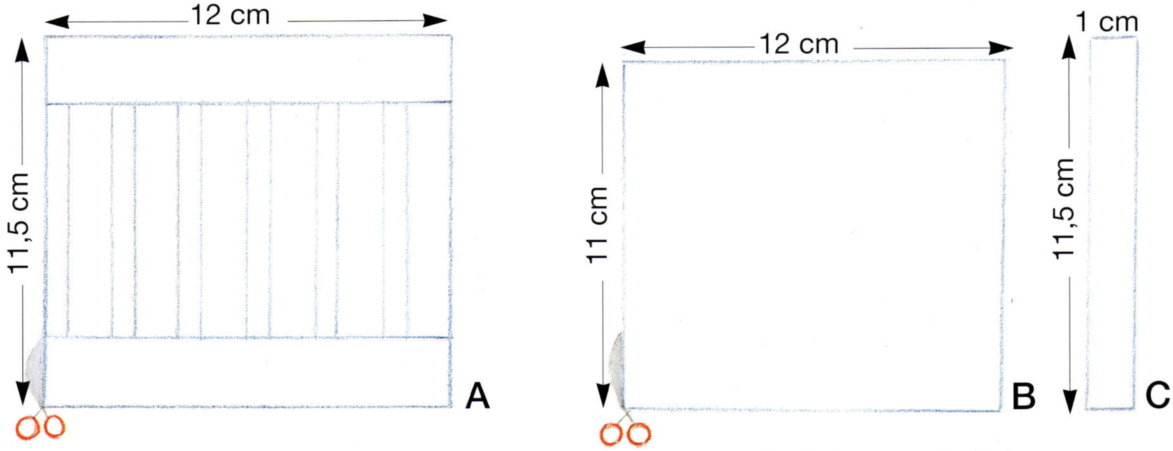

1. Schneide drei Vierecke in den oben angegebenen Größen aus. Auf das erste zeichnest du Spalten in den gleichen Abständen wie auf der Abbildung.

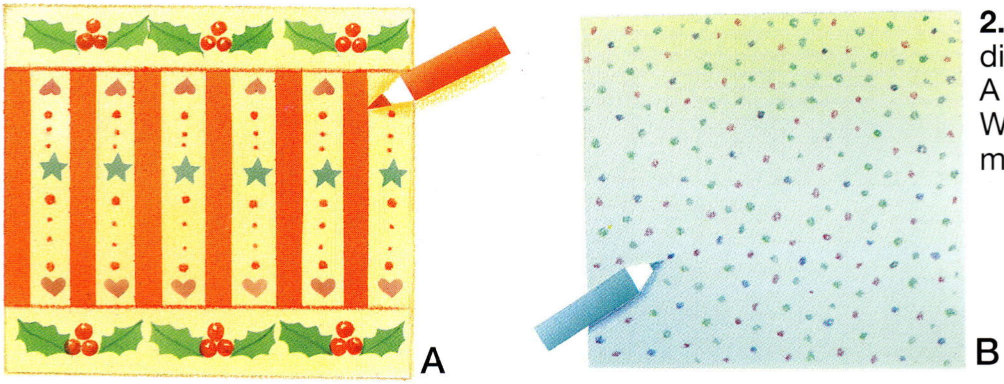

2. Bemale die Vierecke A und B mit Weihnachtsmotiven.

4. Gib Klebestreifen auf eine Seite des Vierecks B.

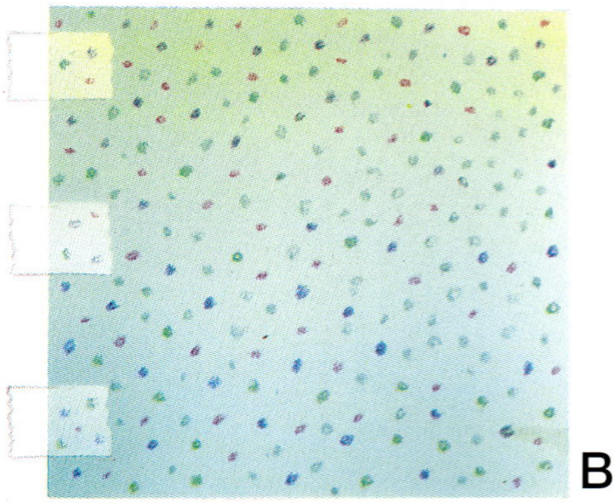

3. Falte Viereck A und schneide die Zwischenräume zwischen den Spalten aus.

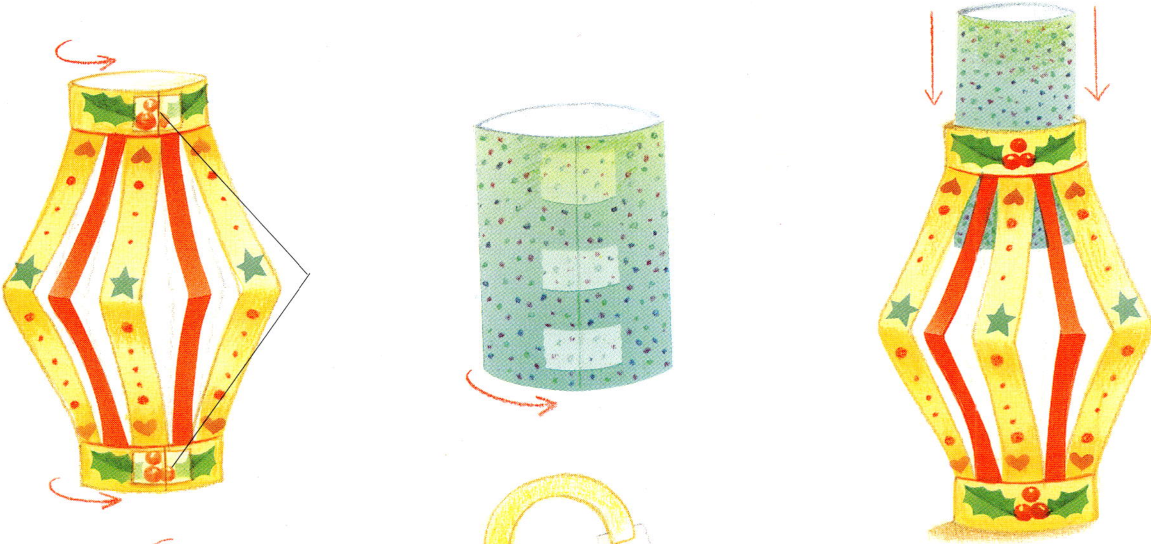

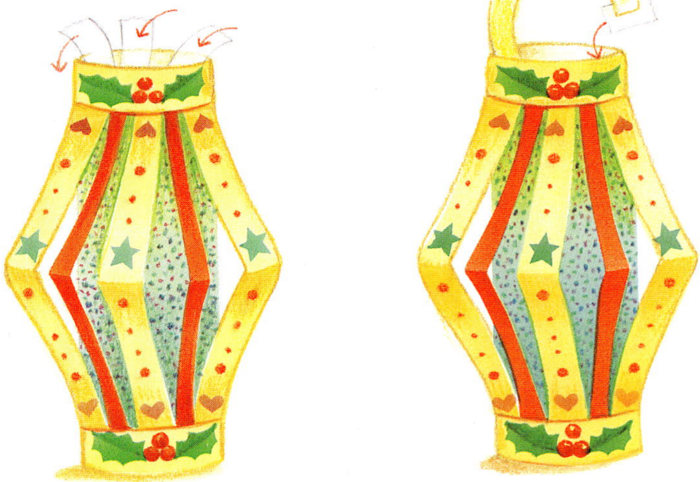

5. Rolle beide Vierecke zusammen. Stecke sie ineinander und klebe sie aneinander.

6. Bemale Rechteck C, forme einen Henkel und klebe ihn an die Laterne.

PAPIERGIRLANDEN

Diese Girlanden sind hübsche Farbtupfer am Weihnachtsbaum.
Du brauchst Kreppapier in verschiedenen Farben,
Klebstoff und eine Schere.

1. Schneide 5 cm breite Papierstreifen aus.

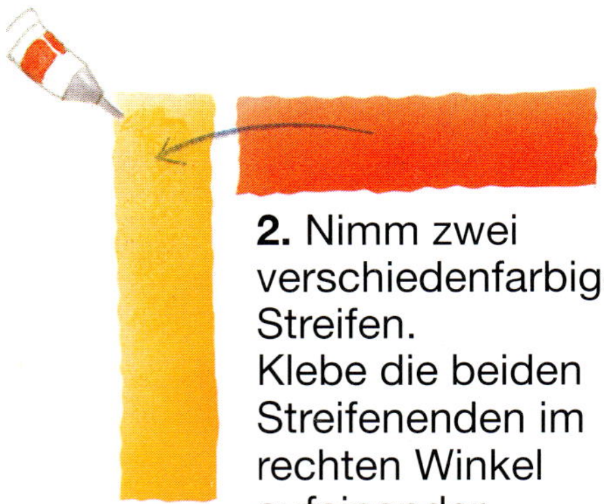

2. Nimm zwei verschiedenfarbige Streifen.
Klebe die beiden Streifenenden im rechten Winkel aufeinander.

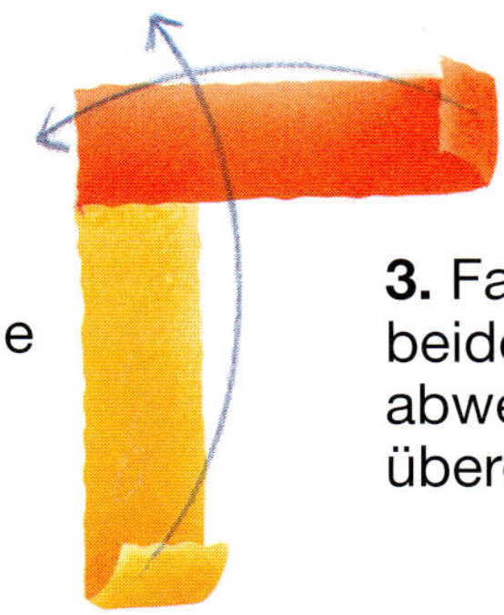

3. Falte die beiden Streifen abwechselnd übereinander.

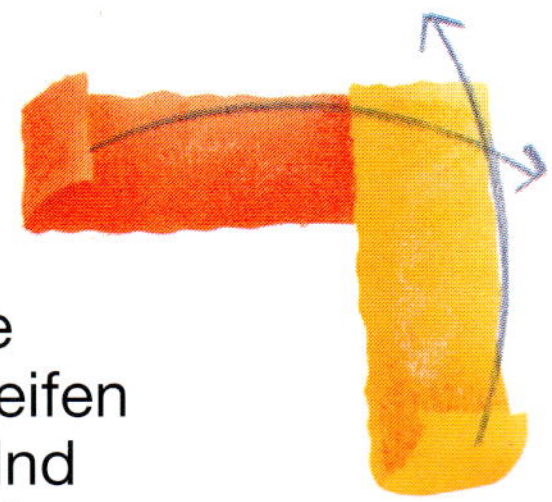

4. Hast du das Ende der Streifen erreicht, klebst du sie wie zu Beginn fest. Nun kannst du deine Girlande entfalten.

GIRLANDEN AUS GESCHENKBAND

Diese Girlanden sind leicht zu basteln und verschönern den Baum oder den Festtagstisch. Du brauchst Geschenkbänder, Schere und Klebstoff.

Schneide kleine Bänderstücke in einer Farbe und große in einer anderen Farbe zu.

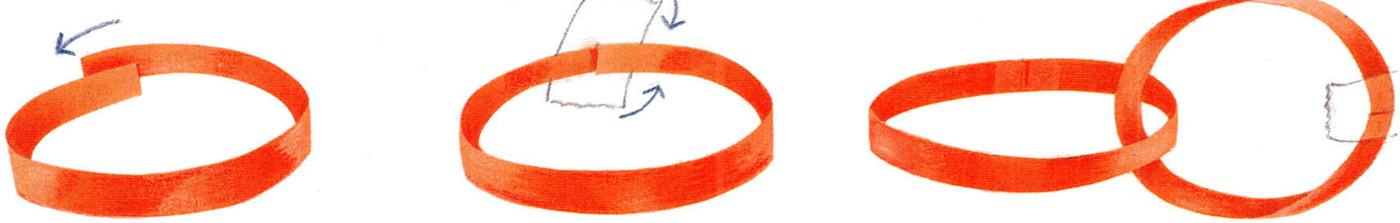

Nimm ein kleines Stück Band und klebe die Enden zusammen. Es entsteht ein Kreis. Durch diesen ziehst du nun einen großen Streifen. Seine Enden klebst du ebenfalls zusammen. So geht es weiter: wechsle immer in Farbe und Größe ab.

ENGELSSCHAREN

Du brauchst Papier in der Größe DIN A4, ein Lineal, einen Bleistift, bunte Filzstifte, eine Schere und Klebeband.

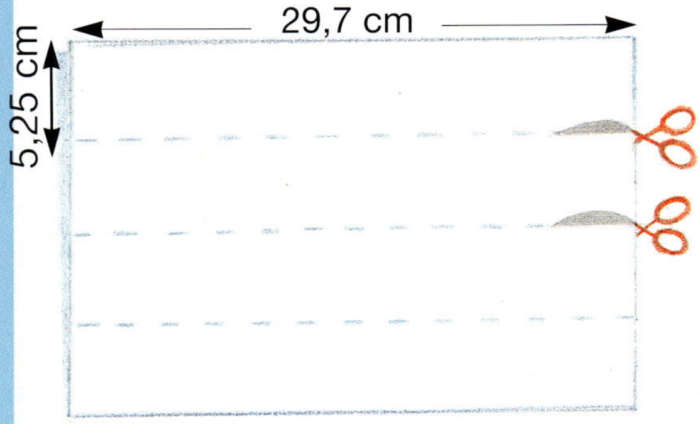

1. Schneide 5,25 cm breite Papierstreifen aus.

2. Falte einen Streifen abwechselnd nach oben und unten, so als würdest du einen Fächer basteln.

3. Zeichne einen Engel auf das gefaltete Papier. Schneide ihn durch die ganze Papierdicke aus.

4. Entfalte das Papier: Eine Kette aus vielen Engeln ist entstanden, die du nun schön bemalen kannst!

5. Fertige nach dieser Beschreibung mehrere Ketten an und verbinde sie mit Klebeband. Jetzt kannst du den Baum oder dein Zimmer mit den hübschen Engeln schmücken.

BUNTE SCHNEEBÄLLE AUS WOLLE

Für diese Girlande brauchst du etwas Zeit, aber es geht ganz einfach! Du benötigst bunte Wollreste, eine Schere, Geschenkband und Pappe.

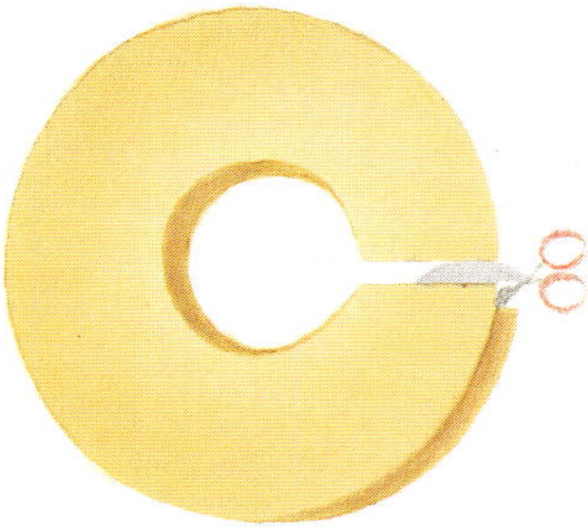

1. Schneide aus Pappe zwei gleiche, geschlitzte Kreise.

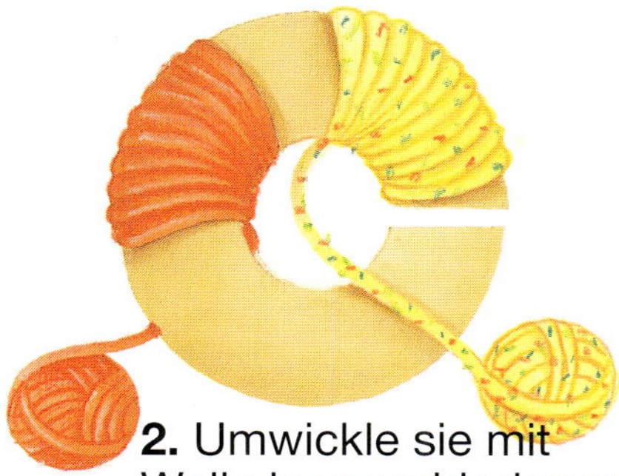

2. Umwickle sie mit Wolle in verschiedenen Farben.

3. Stecke die Schere zwischen die Kreise und zerschneide die Wolle.

4. Ziehe die Kreise auseinander und binde um die Mitte einen Faden.

5. Entferne die Kreise und schneide die Wolle zurecht.

6. Fädle mehrere Wollknäuel auf ein Geschenkband auf. So bekommst du eine schöne Girlande.

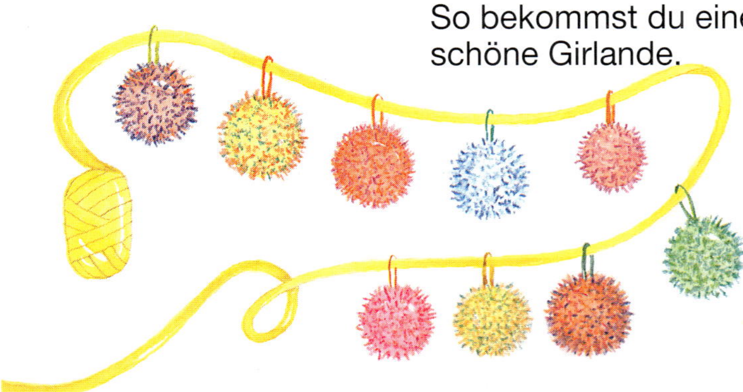

GIRLANDEN AUS BONBONS

Kleine Schleckermäuler werden ihre Freude an dieser süßen Girlande haben. Wenn du genau der Anleitung folgst, dann kann nichts schief gehen.

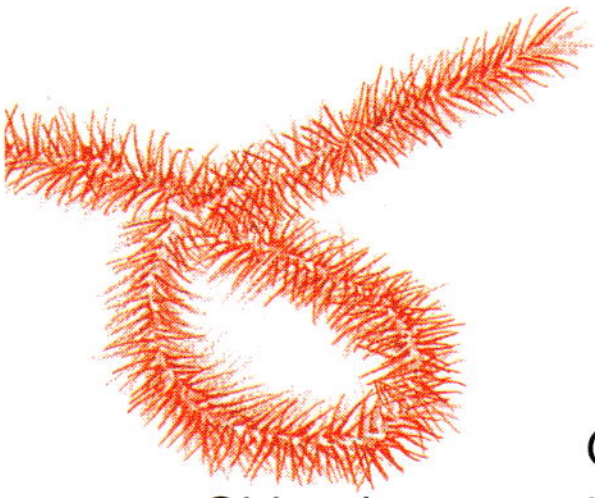

Girlande

Geschenkband

Hefter

Schere

bunte Bonbons

1. Hefte die Bonbons am Band fest. Lass ein wenig Abstand zwischen den Bonbons.

2. Hefte das Band mit den Bonbons an die Girlande.

3. Schmücke den Baum mit der Bonbongirlande. Aber langsam, iss nicht alle Bonbons auf einmal auf!

WEIHNACHTLICHE TANNENZAPFEN

Um diesen hübschen Baumschmuck herzustellen, brauchst du schöne Tannenzapfen, rote, goldene und blaue Öl- oder Lackfarbe und buntes Geschenkband.

Decke den Tisch mit Zeitungspapier ab. Jetzt kannst du die Zapfen bunt bemalen.

Ist die Farbe trocken, bindest du Geschenkband herum und machst eine Schleife.

Nun kannst du den Baum mit deinen Zapfen dekorieren.

DER WEIHNACHTSSTERN

Du brauchst weißes DIN A4 Papier, eine Schere, Klebeband, einen Hefter, Glanzpapier (rotes oder goldenes) und Geschenkbänder.

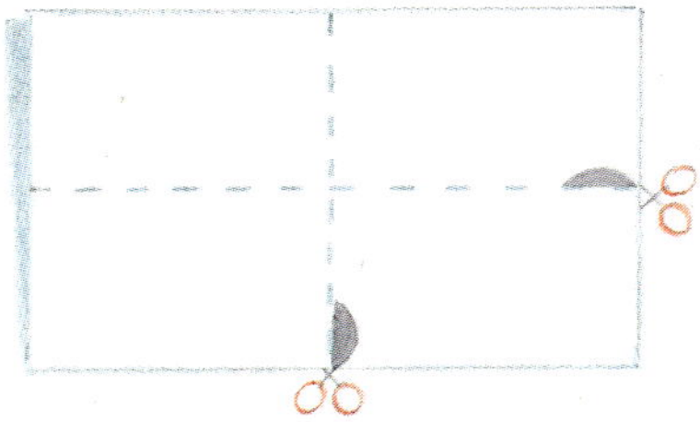

1. Zerschneide ein Blatt in vier gleich große Rechtecke.

2. Schneide ein weiteres Rechteck dieser Größe aus.

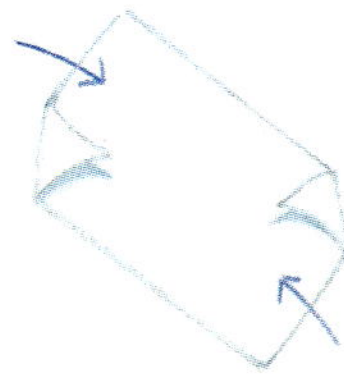

3. Rolle die 5 Rechtecke zu spitzen Hütchen.

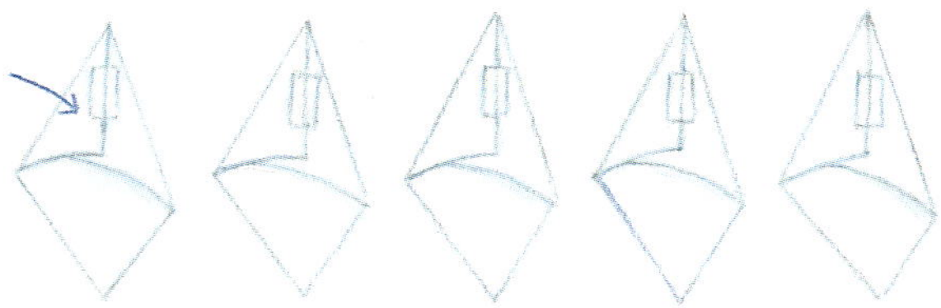

4. Schließe die Hütchen mit Klebeband.

5. Umwickle jedes Hütchen mit Glanzpapier.

6. Klebe das Glanzpapier am Hütchen fest.

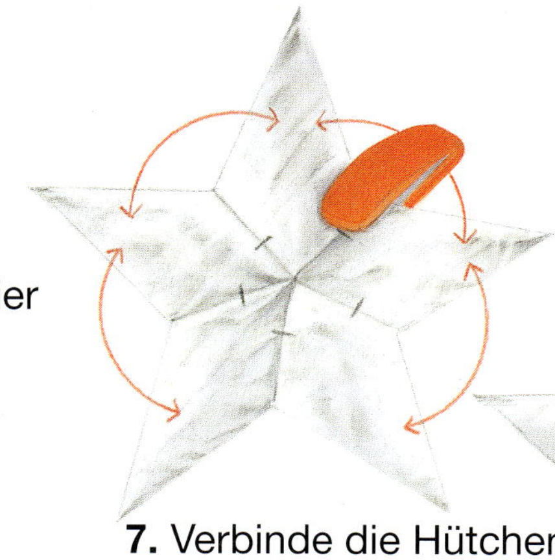

7. Verbinde die Hütchen mit dem Hefter, so wie es die Abbildung zeigt.

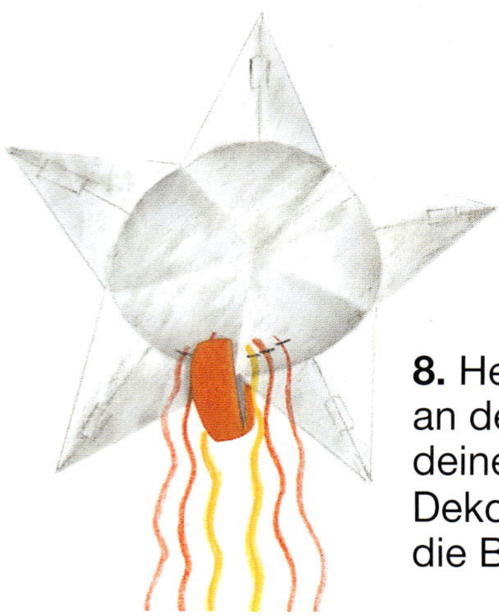

8. Hefte Geschenkband an den Stern. Fertig ist deine hübsche Dekoration für die Baumspitze!

CHRISTBAUMSCHMUCK AUS TRANSPARENTPAPIER

Aus Transparentpapier kannst du kleine Figuren zum Aufhängen basteln. Du brauchst braunes Transparentpapier, einen Bleistift, eine Schere, einen weißen Lackmalstift oder Deckweiß und Faden.

Rückseite des Transparentpapiers

1. Male auf die Rückseite des Papiers die Umrisse eines Jungen und eines Mädchens. Schneide die Figuren aus.

2. Male mit Weiß Gesicht und Kleidung auf die Vorderseite der Figuren.

3. Klebe einen Faden als Aufhänger an.

SERVIETTENRINGE

Mit diesen schönen Serviettenringen wirst du alle Gäste begeistern. Du benötigst weißes Papier oder Goldpapier, Klebstoff, Filzstifte, eine Schere, einen Bleistift und ein Lineal.

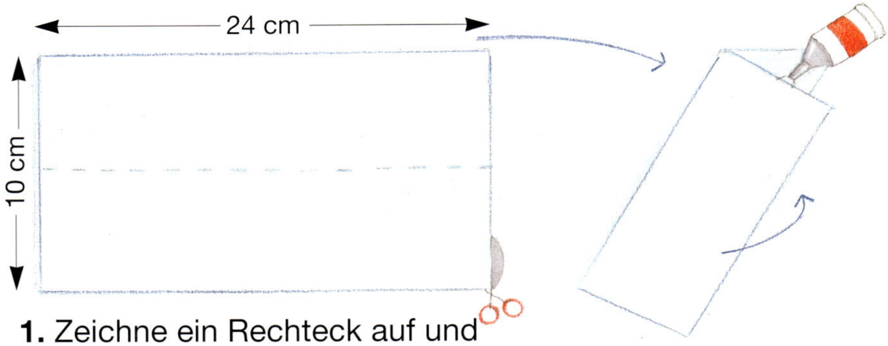

1. Zeichne ein Rechteck auf und schneide es aus. Falte es und klebe es zusammen.

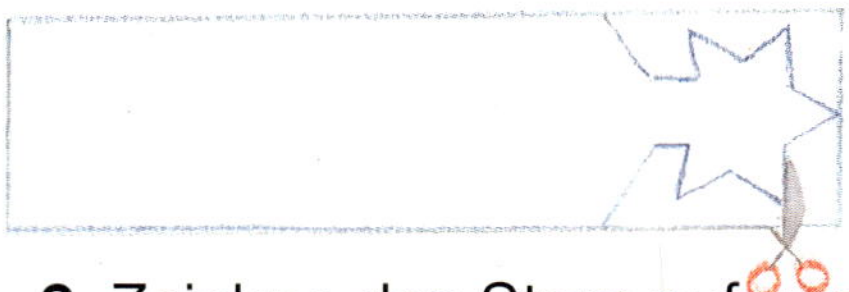

2. Zeichne den Stern auf und schneide ihn aus.

3. Bemale den Serviettenring mit deinen Filzstiften.

4. Schneide, wie abgebildet, einen Schlitz in das Rechteck.

5. Stecke den Stern durch den Schlitz.

6. Jetzt noch die Serviette, fertig!

WEIHNACHTLICHE TISCHKARTEN

Du brauchst weißes DIN A4 Papier, Filzstifte, Klebstoff, eine Schere, einen Bleistift und ein Lineal.

1. Schneide ein Rechteck aus, gib auf eine Hälfte Klebstoff und falte das Rechteck zusammen.

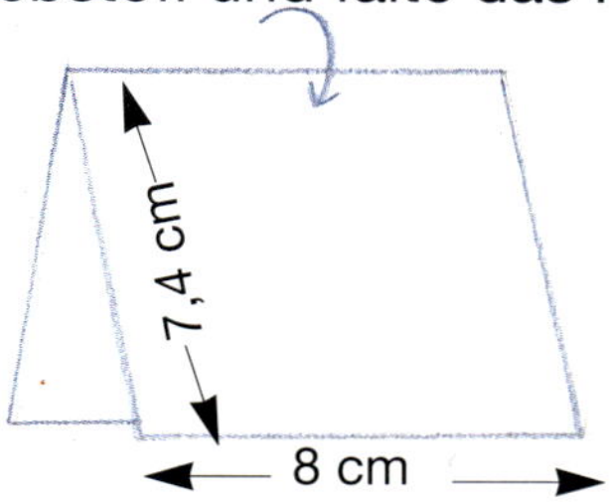

2. Falte es noch ein zweites Mal, sodass es aufrecht stehen bleibt.

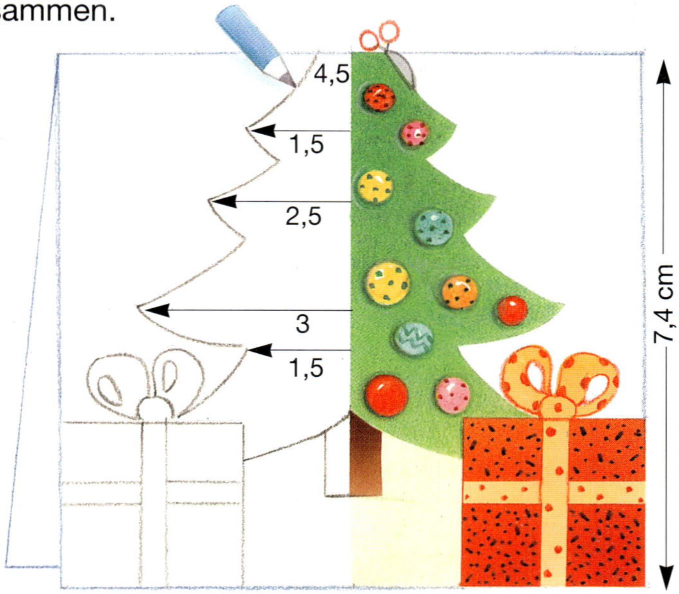

3. Male einen Weihnachtsbaum und Geschenke, so wie auf der Abbildung.

4. Schneide die Zeichnung an der Außenlinie aus.

5. Schreibe die Namen deiner Gäste auf die hübschen Karten und stelle sie auf.

FESTLICHE UNTERSETZER

Diese hübschen Untersetzer sind nicht nur praktisch, sondern auch ein schöner Tischschmuck. Du brauchst dazu weißes Papier, eine Schere, Klebstoff, Alufolie und einen Zirkel.

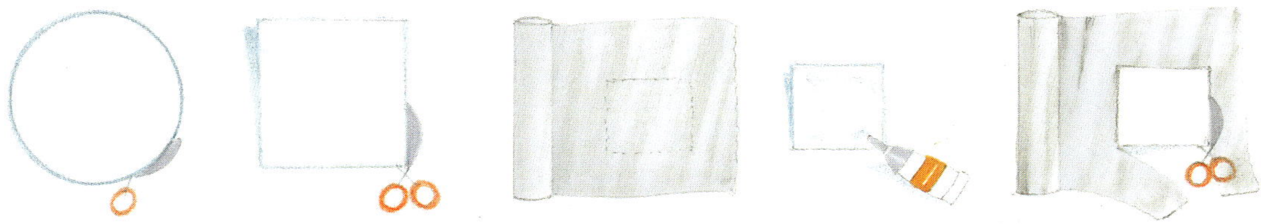

1. Schneide Kreise oder Quadrate in beliebigen Größen aus dem Papier aus, klebe sie auf Alufolie und schneide sie nochmals aus.

2. Falte die Formen wie auf dem Bild.

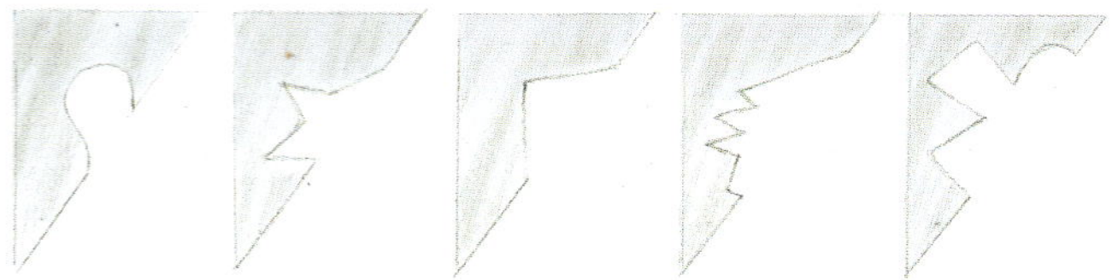

3. Schneide nun verschiedene Muster in das gefaltete Papier. Lass deiner Phantasie dabei freien Lauf.

4. Falte das Papier auseinander. Fertig ist dein Meisterwerk!

WEIHNACHTSKARTEN

Mit dieser Stempeltechnik kannst du dir ganz einfach deine eigenen Weihnachtskarten basteln. Du brauchst Kartoffeln, ein Messer, Farbe, einen Pinsel, Papier und Briefumschläge.

1. Teile eine Kartoffel in zwei Hälften.

2. Schnitze mit dem Messer Figuren in die Kartoffelhälften.

3. Gib Farbe auf ein Blatt, drücke die Kartoffel hinein und stemple nun mit der Kartoffel Muster auf Papier und Briefumschläge.

EIN WEIHNACHTSMANN

Du brauchst für diese Bastelidee ein Ei, dickes, weißes Papier, Watte, einen Bleistift, rote und schwarze Filzstifte, Klebstoff und Klebeband.

1. Male den Mantel des Weihnachtsmannes auf.

2. Rolle das Rechteck und klebe es zusammen.

3. Bohre oben und unten ein Loch in das Ei und blase es aus. Spüle es unter Wasser ab.

4. Schneide die Watte zu einem Bart zurecht.

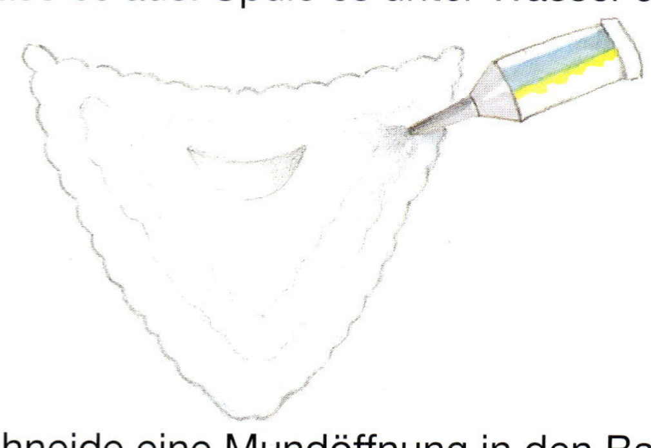

5. Schneide eine Mundöffnung in den Bart, zeichne das Gesicht und befestige den Bart am Ei.

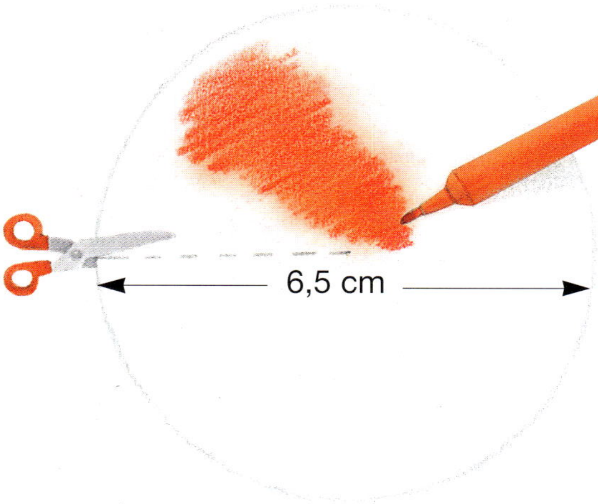

6. Schneide einen Kreis mit 6,5 cm Durchmesser aus. Schneide ein Stück heraus und rolle ihn zu einem spitzen Hut.

7. Klebe den Hut zusammen.

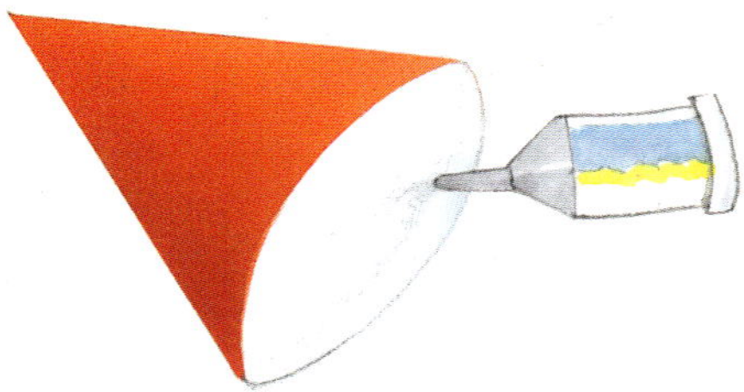

8. Gib Klebstoff an den Rand und setze ihn auf das Ei.

9. Klebe ein wenig Watte auf die Hutspitze. Fertig ist dein Weihnachtsmann!

KÜRBISLATERNEN FÜR HALLOWEEN

Wenn du am Abend des 31. Oktober Halloween mitfeiern möchtest, brauchst du natürlich auch eine Kürbislaterne, die du vors Haus oder ins Fenster stellen kannst.

1. Schneide mit einem Messer den oberen Teil des Kürbisses ab.

2. Höhle ihn mit einem Löffel aus und gib die Füllung in eine Schüssel.

3. Schneide Augen und Nase in den Kürbis.

4. Schneide dann einen furchterregenden Mund aus.

5. Stelle eine Kerze in den Kürbis. Jetzt hast du eine Laterne, die deine Freunde ganz schön erschrecken wird!

ADVENTSKALENDER

Du brauchst weißes Papier, einen Bleistift, Filzstifte, Klebstoff, Klebeband, eine Schere, weißen Zeichenkarton in der Größe 50 x 40 cm, Geschenkband und 24 Streichholzschachteln.

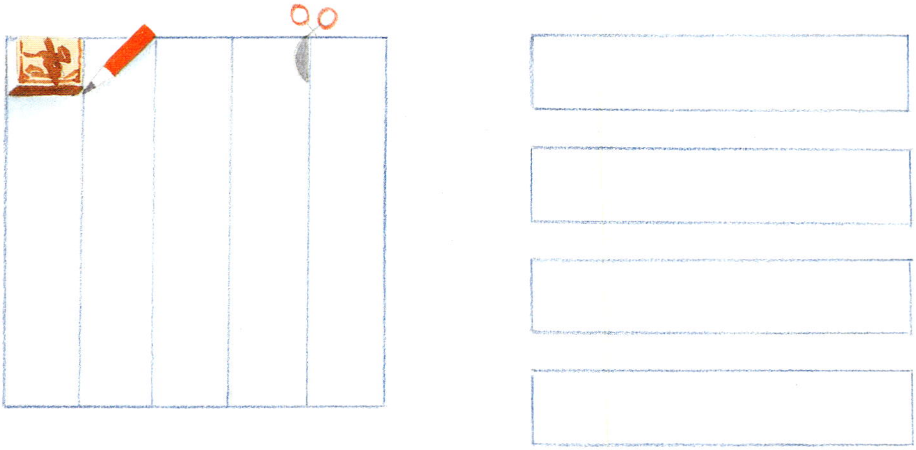

1. Zeichne auf ein Papier Streifen in der Breite einer Streichholzschachtel auf und schneide sie aus.

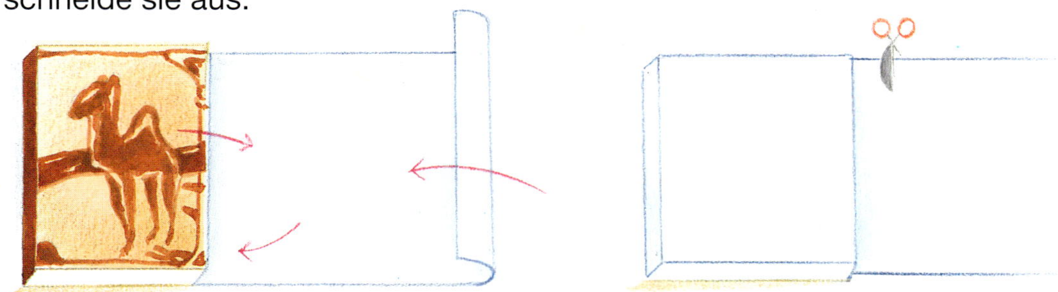

2. Wickle eine Schachtel in einen Streifen und schneide den Rest des Papieres ab.

3. Zeichne entsprechend der Abbildung in die Mitte des Streifens eine Zahl zwischen 1 und 24 und verziere sie nach deinem Geschmack.

4. Klebe das Papier so um die Schachtel, dass die Zahl auf der Oberseite ist.

5. Nummeriere, bemale und beklebe die restlichen 23 Streichholzschachteln auf die gleiche Weise.

6. Klebe die 24 Schachteln kunterbunt auf den Karton.

7. Verziere den Rand des Kartons und befestige das Geschenkband, um den Kalender aufzuhängen.

8. Gib den fertigen Kalender deinen Eltern, damit sie die Schachteln mit kleinen Geschenken füllen können. Ab dem 1. Dezember darfst du dann jeden Tag eine Schachtel öffnen. So fällt dir das Warten auf Weihnachten bestimmt leichter.

CHRISTBAUMSCHMUCK

Dieser Baumschmuck ist ganz leicht nachzubasteln. Der Weihnachtsbaum wird damit noch bunter und fröhlicher aussehen.

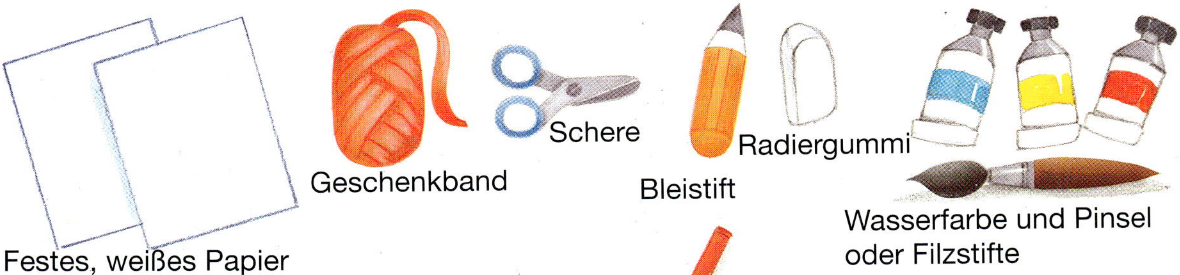

1. Zeichne verschiedene Formen auf und schneide sie aus.

2. Bemale die Figuren mit Filzstiften oder Wasserfarben.

3. Steche ein Loch in die Formen und fädle das Geschenkband durch.

WEIHNACHTEN IN ALLER WELT

WEIHNACHTEN IN DEUTSCHLAND

Wie in vielen anderen Ländern beginnen die Weihnachtsvorbereitungen in Deutschland Anfang Dezember.

In vielen Familien werden lustige Adventskalender mit kleinen Überraschungen gebastelt.

An jedem Sonntag wird eine weitere Kerze am Adventskranz angezündet.

Am Tag der Heiligen Barbara stellt man Zweige in eine Vase. An Weihnachten blühen sie.

Die Kinder helfen der Mutter beim Plätzchenbacken. Hm, das schmeckt!

An Heiligabend bringt der Weihnachtsmann oder das Christkind die Geschenke und legt sie unter den Baum.

Zum Nikolaustag stellen die Kinder ihre Schuhe vor die Türe, damit der Nikolaus sie füllen kann.

Der Baum wird am 24. Dezember geschmückt. Alle helfen mit, damit er besonders schön wird.

Als Festessen gibt es meist gebratene Gans mit Rotkohl oder Grünkohl und Kartoffeln oder Klößen.

Am Dreikönigstag singen Kinder als Könige verkleidet in den Straßen und beschriften die Türen.

WEIHNACHTEN IN ENGLAND

Ab Anfang Dezember schickt man Weihnachtsgrüße an Freunde und Verwandte. Karten, die man selbst bekommt, schmücken bis zum Dreikönigsfest die Wände.

Man klebt die Karten auf breite Bänder und hängt sie dann auf.

Das ganze Haus ist rot und grün geschmückt.

Mit viel Freude schmückt die Familie gemeinsam den Baum.

Viele Kinder schicken einen Wunschzettel an den Weihnachtsmann.

Während der Weihnachtsmann die Rentiere vor den mit Geschenken beladenen Schlitten spannt, bereiten die Kinder eifrig seine Ankunft vor.

Am Weihnachtsabend singen die Kinder in den Straßen Weihnachtslieder. Dafür bekommen sie Süßigkeiten und kleine Geschenke.

Die Kinder hängen Nikolausstrümpfe an die Bettpfosten.

Für den Weihnachtsmann wird Gebäck und ein Glas Portwein unter den Baum gestellt.

Am Abend vor Weihnachten träumen Kinder vom Weihnachtsmann.
Wird er die gewünschten Geschenke bringen?

Beim Weihnachtsessen dürfen Pute mit Kastanien und Plumpudding nicht fehlen.

Unter den Geschenken befinden sich meist auch Knallbonbons. Das Öffnen macht riesigen Spaß.

WEIHNACHTEN IN ÖSTERREICH

In Österreich sind am Abend des 24. Dezember Kinos, Restaurants und Theater geschlossen. Alle sind zu Hause und feiern.

Die vorweihnachtliche Zeit beginnt mit dem 1. Advent.

Auf allen Plätzen der Städte und Dörfer steht ein Christbaum.

Am 24. Dezember gehen viele Kinder mit ihren Großeltern spazieren. Währenddessen schmücken die Eltern den Baum, den sie vorher im Keller oder auf dem Speicher versteckt hatten.

In der Hauptstadt Wien ist die Umgebung des Rathauses den ganzen Dezember über festlich dekoriert. Die Bäume im Park tragen wunderschönen Schmuck. Alles sieht wie im Märchen aus.

In diesem verzauberten Park findet auch der Wiener Christkindlmarkt statt. Die staunenden Kinder wärmen sich ihre Hände an Tüten mit heißen Maroni.

Auf der Eisfläche im Park zeigen begabte junge Schlittschuhläufer ihr Können. Als Tiere oder Märchengestalten verkleidet bieten sie den begeisterten Kindern ein tolles Schauspiel.

Mit einem kleinen Zug können die Kinder durch den Park fahren. Bevor sie nach Hause gehen, schreiben die Kinder ihre Wünsche auf eine Tafel, die, so sagt man, vom Weihnachtsmann und vom Christkind gelesen wird.

WEIHNACHTEN IN DÄNEMARK

Auch hier ist man den ganzen Dezember über mit Weihnachtsvorbereitungen beschäftigt. Die Straßen sind hell erleuchtet und mit Tannenzweigen und bunten Girlanden geschmückt.

Die Kinder verschicken Grüße an Freunde und Verwandte. Dafür gibt es besondere Briefmarken, die nur zu Weihnachten gedruckt werden. Eine der schönsten Marken wurde von der dänischen Königin entworfen.

Der Adventskranz wird an die Zimmerdecke gehängt.

Gemeinsam geht die Familie den Weihnachtsbaum fällen.

Mit dem Beginn der Weihnachtszeit schmückt man das Haus mit Tannenzweigen, Strohsternen, kleinen Engeln und Zwergen.

Die Kinder basteln allerlei Schmuck, mit dem sie das Haus und den Weihnachtsbaum dekorieren.

Das traditionelle Weihnachtsessen beginnt gegen 18 Uhr. Als Nachtisch gibt es Milchreis, in dem eine Mandel versteckt ist. Derjenige, der sie findet, bekommt ein Marzipanschwein als Glücksbringer geschenkt.

Nach dem Essen geht der Vater alleine in das Weihnachtszimmer. Dort steht der Christbaum, der mit Girlanden aus vielen kleinen dänischen Fahnen, mit Kerzen und mit roten und weißen Herzen geschmückt ist.

Er zündet eine Kerze nach der anderen an, während die Familie ungeduldig hinter der Türe wartet.

Dann dürfen alle Familienmitglieder ins Zimmer kommen. Sie fassen sich an den Händen und tanzen um den Baum. Einer nach dem anderen sucht ein Weihnachtslied aus, das dann alle gemeinsam singen.

WEIHNACHTEN IN SPANIEN

Die spanischen Kinder werden richtig verwöhnt! Sie bekommen sowohl am 25. Dezember als auch am 6. Januar, dem Dreikönigstag, Geschenke.

In vielen großen Städten findet ein Dreikönigsumzug statt. Das ist ein sehr beliebter Brauch. Die Könige fahren auf reich verzierten Wagen und werden von Reitern begleitet. Kinder und Erwachsene säumen die Straßen, um den feierlichen Zug zu bewundern.

Nach dem Umzug mischen sich die Heiligen Drei Könige unter die Menge. Die Kinder freuen sich die Könige von so nahe sehen zu können.

WEIHNACHTEN IN FINNLAND

Die Finnen sind an Heiligabend sehr früh auf den Beinen. Morgens brechen sie auf, um den Christbaum zu fällen, am Nachmittag schmücken sie ihn.

Man sagt, dass der Weihnachtsmann aus Lappland stammt. Lappland umfasst die nördlichen Teile Norwegens, Schwedens und Finnlands. Der Weihnachtsmann erhält jedes Jahr etwa 500 000 Briefe mit Wunschzetteln von Kindern.

Am 24. Dezember werden brennende Kerzen auf alle Gräber gestellt.

Der Weihnachtsbaum bleibt noch 20 Tage nach Weihnachten stehen.

WEIHNACHTEN IN FRANKREICH

Wie in vielen anderen Ländern werden auch die Städte und Dörfer Frankreichs vor Weihnachten festlich geschmückt.

Die Rathäuser werden mit Girlanden dekoriert und auf allen großen Plätzen stellt man riesige Weihnachtsbäume auf.

In den Hauptstraßen werden Lichterketten in die Bäume gehängt. Die unzähligen Lichter lassen die Straßen in festlichem Glanz erstrahlen.

Die Schaufenster mit ihren mechanisch bewegten Figuren sind eine Attraktion für Kinder und Erwachsene.

Viele Kinder lassen sich mit dem Weihnachtsmann fotografieren.

In den Schulen schmücken die Kinder ihre Klassenzimmer.

WEIHNACHTEN IN DER PROVENCE

In der Provence, im Süden Frankreichs, feiert man Weihnachten anders als im restlichen Teil des Landes.

In den Kirchen an der Küste ziehen am Ende der Mitternachtsmesse Fischer zum Altar. Sie stellen dort einen Korb mit Fischen ab. Damit wollen sie Jesus ihre Liebe und Dankbarkeit zeigen.

Zur Erinnerung an Jesus Christus und seine zwölf Jünger wird das Weihnachtsessen traditionell mit dreizehn Nachtischen beendet. Diese Desserts bestehen aus Früchten und Süßigkeiten der Region.

WEIHNACHTEN IN IRLAND

Die irischen Weihnachtsfeierlichkeiten beginnen zwölf Tage vor Heiligabend. Man nennt diese Zeit Little Christmas, was soviel heißt wie „kleine Weihnachten".

An Weihnachten wird eine Kerze auf das Fensterbrett gestellt. Bevor man zur Christmette geht, stellt man dem Weihnachtsmann ein Glas Whisky und seinen Rentieren Karotten hin.

Am 1. Weihnachtsfeiertag werden die Geschenke geöffnet.

Das Festessen beginnt am Nachmittag gegen 14 oder 15 Uhr.

Am 26. Dezember feiert Irland den Stephen's Day. Viele Iren gehen zum Pferderennen, andere ziehen singend durch die Straßen.

In vielen Städten Irlands finden am 26. Dezember Pferderennen statt, die zahlreiche Zuschauer anlocken.

Auf dem Land verkleiden sich die Jungen als Wren Boys: Sie tragen alte Kleidung und ziehen singend und musizierend von Haus zu Haus. An jeder Tür bitten sie um einige Geldstücke.

WEIHNACHTEN IN ISLAND

In Island endet die Weihnachtszeit in der Nacht des 6. Januar mit einem großen Feuer, um das alle singend herumtanzen.

Weihnachten heißt in Island Jol. Die Jolasveinar sind kleine Weihnachtskobolde. Ihre Geschichte wird auf der nächsten Seite erzählt.

Anfang Dezember stellen die Kinder ihre Schuhe auf das Fensterbrett. Den braven Kindern steckt der Weihnachtsmann ein Geschenk hinein. Wer nicht brav war, findet nur eine Kartoffel im Schuh!

DIE LEGENDE VON DEN JOLASVEINAR

Die Jolasveinar sind 13 Kobolde. Jeder von ihnen hat einen Namen, der sein Wesen verrät. Sie sind die Kinder von Gryla, einem schrecklichen Ungeheuer mit drei Köpfen.

Einer alten Legende nach hatte Gryla Ziegenbärte und Hörner. Am liebsten fraß es böse Kinder, die sich nur retten konnten, indem sie brav wurden.
Die Koboldkinder haben seltsame Namen: Topfauskratzer, Wurstklauer, Fenstergucker ... Früher ärgerten sie die Menschen, stahlen Tiere, schlugen Türen zu ... Seit die Kinder an den Weihnachtsmann glauben, hat sich die Legende von den Kobolden verändert: Sie sind freundlicher und verbringen nun ihre Zeit damit Geschenke für brave Kinder zu basteln.

WEIHNACHTEN IN ITALIEN

Die italienischen Weihnachtsbräuche unterscheiden sich je nach Gegend sehr voneinander. Die Kinder bekommen ihre Geschenke nicht alle am gleichen Tag.

In vielen Regionen Norditaliens bringt der Weihnachtsmann, Babbo Natale, oder das Christkind, Gesù Bambino, die Geschenke am 25. Dezember. In anderen Gegenden werden die Kinder schon am 13. Dezember von der Heiligen Luzia beschenkt.

In der Hauptstadt Rom ist es die liebe Hexe Befana, die die Geschenke am Dreikönigstag bringt. Sie reitet auf einem Besen. Um die Päckchen zu verteilen, schlüpft sie durch die Kamine in die Häuser.

WEIHNACHTEN IN MOLDAWIEN

In diesem Land im Osten Europas dauern die Weihnachtsfeierlichkeiten zwölf Tage. In den Städten und Dörfern finden viele Umzüge statt.

WEIHNACHTEN IN NORWEGEN

Anfang Dezember beginnt die Familie den Christbaumschmuck zu basteln. Am ersten Advent wird die erste Kerze des Adventskranzes angezündet.

In den ersten Dezembertagen wird das Haus geschmückt. Ein Kranz an der Türe zeigt, dass man sich auf Weihnachten vorbereitet. Vor dem Haus werden ein Bock aus Stroh und einige Weizenbündel aufgestellt.

An jedes Fenster wird ein hübscher Stern gehängt.

Am 24. Dezember stellt man auf jedes Grab eine Kerze.

In Norwegen werden viele Blumen für die Weihnachtsdekoration verwendet. Das ganze Haus wird mit Tulpen und Hyazinthen festlich hergerichtet.

Die Tulpen werden als Topfblumen gekauft. So halten sie länger.

Die Mutter backt köstliche Waffelherzen.

In der Weihnachtszeit macht eine Schlittenfahrt besonders viel Spaß. Alle ziehen sich dick an und decken sich mit einem Wolfsfell zu. Auch eine Fackel darf man nicht vergessen, denn schon nachmittags ist es dunkel.

Nach dem Essen und vor der Bescherung tanzt die ganze Familie singend um den Weihnachtsbaum. Diesen sehr alten Brauch mögen besonders die Kinder.

Die Familie bildet zwei Kreise um den Baum, einen großen und einen kleinen. Während des Singens dreht sich der eine Kreis nach rechts und der andere nach links. Ist das Lied zu Ende, wechseln alle den Kreis und beginnen mit einem neuen Lied.

WEIHNACHTEN IN POLEN

An Heiligabend warten die Kinder ungeduldig darauf, dass der erste Stern am Himmel erscheint. Erst dann beginnen das Weihnachtsessen und das Fest.

Beim Decken des Festtagstisches legt man Stroh unter die Tischdecke. So wird daran erinnert, dass Jesus in einem Stall geboren wurde. Ein Platz am Tisch bleibt immer frei für den Fall, dass ein Überraschungsgast auftaucht.

Vor dem Essen betet die Familie und teilt sich ein rechteckiges Gebäck, das man Oplatteck nennt. Auf diesem sind Jesus, Maria oder Joseph abgebildet. Jeder wünscht sich etwas und vergisst seine Streitereien.

In Polen beginnt die Weihnachtszeit traditionell am 24. Dezember. Sie endet am 6. Januar mit dem Dreikönigsfest.

An Heiligabend ziehen die Kinder als Heilige Drei Könige, als Teufel, als Engel und als Hirten verkleidet von Tür zu Tür. Sie fragen nach Geldmünzen oder Plätzchen.

An Weihnachten macht man manchmal Schlittenfahrten auf das Land und veranstaltet dort ein Picknick. Am Lagerfeuer werden Würstchen gebraten.

WEIHNACHTEN IN DER SLOWAKEI

In der Adventszeit ist der 6. Dezember der wichtigste Tag. Die Kinder putzen ihre Schuhe auf Hochglanz und stellen sie ans Fenster, damit der Nikolaus Geschenke hineinlegen kann.

In vielen Familien mit kleinen Kindern wird am Nikolaustag ein Fest veranstaltet. Die Erwachsenen sind als Nikolaus, Teufel und als Engel verkleidet. Die Kinder singen und werden beschenkt.

Zwischen Weihnachten und Epiphanias liegen die „zwölf heiligen Tage“: Überall trifft man auf verkleidete Menschen, die mit alten Bräuchen das Ende des Winters feiern.

WEIHNACHTEN IN DER SCHWEIZ

Die Schweizer Kinder spielen während der Weihnachtszeit gerne im Schnee, rodeln oder fahren Ski.

Die Häuser und Bäume sind mit Lichterketten geschmückt. Vor den eigentlichen Weihnachtsgeschenken bekommen die Kinder kleine Päckchen mit einer Orange, einem Schokoriegel und Zuckergebäck.

WEIHNACHTEN IN SCHWEDEN

Die Schweden sind an den Abenden und Wochenenden vor Weihnachten damit beschäftigt, den großen Tag vorzubereiten.

An jedem Adventssonntag zündet man eine Kerze an.

Der Adventskalender hält für jeden Tag eine Überraschung bereit.

Für die Vögel stellt man im Garten ein Getreidebündel auf.

Viele leckere Plätzchen werden gebacken.

Kurz vor Weihnachten schmückt die Familie das Haus.
Die Blumen, die man dafür nimmt, sind meist rot, können aber auch rosa, weiß oder hellblau sein.

Der Baumschmuck ist zum großen Teil aus Stroh gefertigt.

Ein Strohbock wird als Glücksbringer unter den Weihnachtsbaum gestellt.

Auch duftende Hyazinthen gehören zum Weihnachtsschmuck.

Traditionell wird gekochter oder gebratener Schinken gegessen.

Die schwedischen Weihnachtsgeschenke heißen Julklapp. Julklapp bedeutet „Weihnachtsklopfen“. Der Name kommt daher, dass man früher ganz fest an die Tür desjenigen klopfte, den man beschenken wollte. Wurde die Tür geöffnet, warf man das Geschenk ins Haus und verschwand, ohne erkannt zu werden.

Nach dem Essen warten alle auf den Weihnachtsmann. Der klopft an die Tür und fragt: „Gibt es hier brave Kinder?“

Zu den Geschenken gehören lustige Gedichte, die laut vorgelesen werden. Am 13. Januar tanzen alle zum letzten Mal um den Baum herum.

WEIHNACHTEN IN KANADA

Bereits Anfang November werden die großen Einkaufszentren festlich dekoriert. Für die Kinder werden richtige Weihnachtslandschaften aufgebaut.

In Montreal, im ostkanadischen Quebec, veranstaltet ein Kaufhaus jedes Jahr eine Weihnachtsparade. Trotz der bitteren Kälte kommen viele Kinder, um den Weihnachtsmann zu bestaunen.

Zahlreiche geschmückte Wagen nehmen an der Parade teil. Am schönsten ist der Wagen des Weihnachtsmannes, der sich zum Ende der Parade in die Lüfte erhebt.

Weihnachten in Quebec ist eine wundervolle Zeit. Überall liegt eine dichte Schneedecke. Häuser und Geschäfte sind festlich geschmückt.

Die Menschen verzieren ihre Häuser mit Lichterketten, Tannenzweigen und Bändern. Vor den Häusern stehen kleine beleuchtete Tannen.

Die Postämter erhalten Tausende von Briefen an den Weihnachtsmann.

Zu Hause werden für den Weihnachtsmann Milch und Kekse vor den Kamin gestellt.

WEIHNACHTEN IN DEN USA

In Amerika ist Weihnachten ein großes Fest, das sehr unterschiedlich gefeiert wird, denn die Einwanderer haben ihre eigenen Bräuche aus der Heimat mitgebracht.

Die ganze Familie schmückt das Haus. An den Kamin hängt man riesige Socken, mit der Weihnachtspost schmückt man die Wände. Aus Popcorn werden Girlanden für den Weihnachtsbaum hergestellt.

Rot-weiße Zuckerstangen werden als Schmuck an den Baum gehängt.

Die Briefkästen sind voll mit Weihnachtskarten von Freunden.

In vielen Ländern wird an Weihnachten Pute gegessen. Die Pute wurde durch spanische Eroberer von Amerika nach Europa gebracht.

Häuser und Bäume sind mit bunten Lichterketten geschmückt.

An Heiligabend singen die Kinder in den Straßen und bekommen dafür ein wenig Geld.

In den USA heißt der Weihnachtsmann Santa Claus.

Beim Festessen am 25. Dezember lassen sich alle den leckeren Putenbraten schmecken.

KÜRBISKUCHEN

Hast du Lust deine Freunde in den Weihnachtsferien mit einem amerikanischen Kuchen zu überraschen? Bitte einen Erwachsenen dir zu helfen.

Zutaten: 1 Kürbis, 1 Liter Milch, Petersilie, 30 g Butter, 2 Eier, 150 g Zucker, eine Messerspitze Zimt, fertigen Mürbeteig und geriebene Muskatnuss.

Den Kürbis schälen und das Fruchtfleisch in Stücke schneiden.

20 Minuten in Salzwasser kochen lassen.

Die gekochten Stücke pürieren.

Milch, Butter, Petersilie, Eier, Zucker, Zimt und Muskatnuss dazugeben.

Drücke den Teig in eine Form und verteile die Kürbismasse darauf.

Den Ofen vorheizen, dann den Kuchen bei 200 °C eine Stunde backen.

WEIHNACHTEN IN MEXIKO

In Mexiko beginnt das Weihnachtsfest am 16. Dezember. Neun Familien stellen die Reise von Maria und Joseph nach Bethlehem nach.

Eine Familie holt aus der Kirche die Figuren, die Maria und Joseph auf ihrer Reise darstellen, und befestigt sie auf einer Trage.

Zwei junge Mädchen bringen die Trage zum Haus einer Familie, die man zuvor ausgewählt hat, und bitten dort um Unterschlupf. Die Figuren von Maria und Joseph werden auf einen mit Blumen geschmückten Altar gestellt.

Das Figurenpaar wird acht Tage lang von einer Familie zur anderen weiter gereicht und dann Piñata, ein Kinderfest, gefeiert. Am 24. Dezember stellt man das Paar in die Krippe und die Jesusfigur wird aus der Kirche hinzugeholt.

Die Piñatas ist ein Tongefäß, das ein Tier oder eine Person darstellt. Man verbindet den Kindern die Augen. Dann versuchen diese die Piñatas mit Stöcken zu zerschlagen. Wenn sie es schaffen, fallen Bonbons und Geschenke auf den Boden.

Am neunten Tag werden Maria und Joseph zur Krippe gestellt.

In den Großstädten schmücken weihnachtliche Leuchttafeln die Hauswände.

AUSTRALIEN

An Weihnachten ist in Australien Sommer. Es herrscht dort eine glühende Hitze und es sind Ferien. Auch hier wird die Geburt des Jesuskindes gefeiert. Wie in England gibt es zum Festessen oft gebratene Pute oder Gans und einen leckeren Pudding.

Manche Australier feiern Weihnachten am Strand. Sie veranstalten ein großes Picknick mit kaltem Putenbraten, Salaten und Gebäck. Am Abend versammelt sich die Familie im Haus um den geschmückten, erleuchteten Weihnachtsbaum.

INHALTSVERZEICHNIS

ISBN: 3-89717-024-8
© der deutschsprachigen Ausgabe:
Fleurus Verlag GmbH, Saarbrücken 1996
Alle Rechte vorbehalten
© Editions Fleurus, Paris 1996
Titel der französischen Ausgabe:
L'imagerie de Noël
Printed in Italy